Luca Steffenoni

Manuela Alessandra Filippi

# Psyco Mappe

*Due viandanti persi tra arte e delitti milanesi*

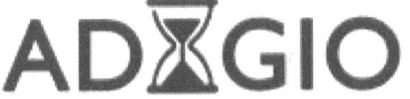

www.adagioebook.it

*Proprietà letteraria riservata © 2014*
*Casaleggio Associati*

*Copertina: Francesca Forte*

# Psyco Mappe

*"Ad Alessandra e Valentina,
colonne del mio vivere e del mio scrivere."*
*Luca*


*"A mia figlia,
misura di ogni passo."*
*Alessandra*

# GLI AUTORI

*Luca Steffenoni*

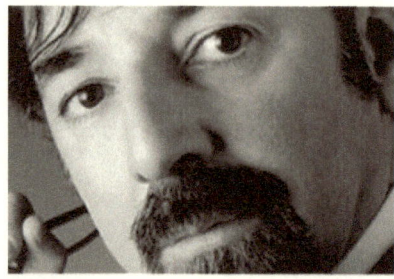

Criminologo e scrittore milanese. E' stato redattore della rivista **Delitti & Misteri**, insieme a molti dei più interessanti tra gli scrittori noir e giallisti italiani dove ha scritto di delitti classici e di numerosi temi di attualità criminale. Coautore di Cronache Vere. Artisti, scrittori e musicisti invischiati nel mondo del crimine. ed. Marcos y Marcos (1998).
Ha firmato:
**Presunto colpevole**. La fobia del sesso e i troppi casi di malagiustizia. ed.Chiarelettere (2009)
**Nera**. Come la cronaca cambia i delitti. ed. San Paolo (2011)
**Melania Rea**. L'assassino alle spalle. ed. Adagio (2013)

*Manuela Alessandra Filippi*

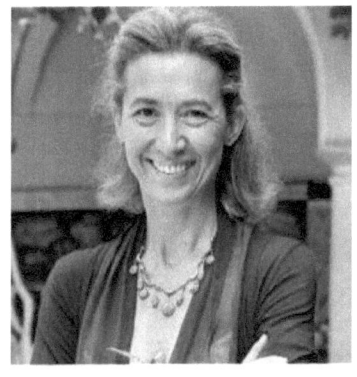

Storica dell'arte, specializzata in economia e gestione dei beni culturali, ha curato mostre in gallerie private e musei. Ha lavorato al Palazzo delle Esposizioni di Roma, dove ha collaborato alla realizzazione di prestigiose mostre internazionali.

Ha fondato e diretto l'Archivio storico e artistico di Poste Italiane, curando un progetto di salvaguardia e valorizzazione che ha messo in sicurezza il patrimonio storico e artistico dell'azienda, su scala nazionale, dall'Unità d'Italia ai giorni nostri. Nel 2004 ha curato il volume *Buca delle lettere*. Storia e immagini, con un racconto inedito di Andrea Camilleri (De Luca editori).

Ha collaborato con numerose riviste d'arte, cultura e cinema e oggi scrive sul quotidiano on-line Affaritaliani.it. Nel 2010 ha fondato Città nascosta Milano (http://www.cittanascostamilano.it/milano/), associazione culturale dedica alla riscoperta e divulgazione dei tesori nascosti della città Ambrosiana. Grazie all'attività culturale promossa con l'Associazione, nel 2012 ha vinto il prestigioso Premio Dama d'Argento, promosso dagli Amici del Museo Poldi Pezzoli, in collaborazione con il Corriere della sera e lo Studio Legale Carnelutti.

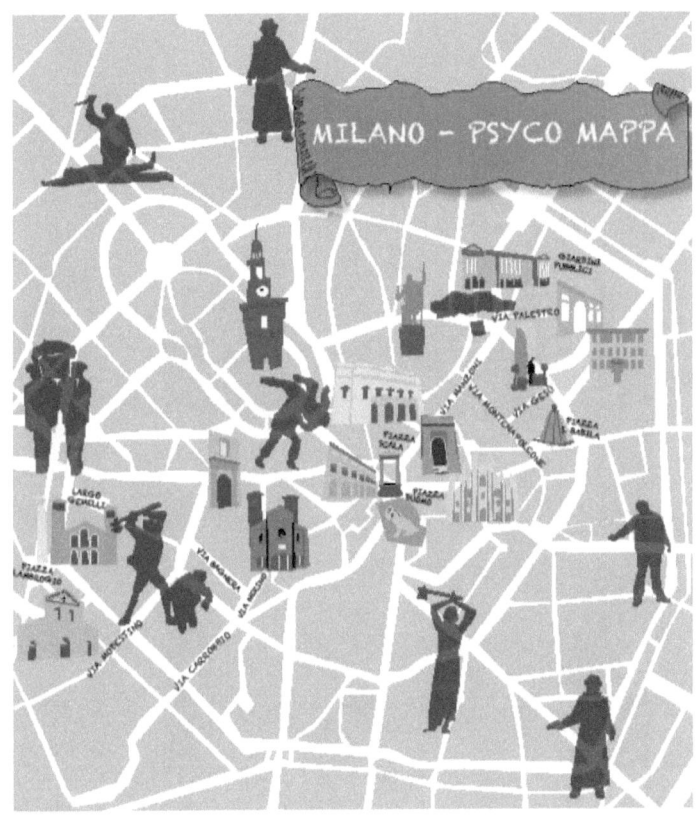

*Psyco mappe, un caleidoscopio di misfatti e meraviglie dove un diabolico progetto prende corpo: un criminologo e una storica dell'arte duellano a colpi di storie per raccontare Milano*

# Luca. Piazze e vuoti a perdere

L'appuntamento è in Piazza Scala proprio sotto il porticato d'ingresso. Da lì inizieremo il nostro giro turistico delittuoso tra le vie del centro. Per arrivare puntuale e avere il tempo di raccogliere le idee prendo un tram che ferma in Piazza del Duomo. Pessima scelta, perché se dovessimo giudicare l'anima cittadina dai frequentatori dei mezzi pubblici, questo libro non dovrebbe nemmeno iniziare.
Il milanese in autobus, tram, filovia o metropolitana è un concetto astratto. Raccontarne le gesta è come seguire le orme di civiltà ormai sepolte.
Qualcosa tipo gli Assirobabilonesi che, per quanto ne so, vivono solo nei libri delle elementari e delle scuole medie. Del milanesotto con l'accento da cinepanettone, nemmeno l'ombra. L'unica nota che unifica i viaggiatori è l'allegro trillare dei telefonini, con suonerie che spaziano da Rihanna alle colonne sonore western di Morricone. Visto dai sedili del 16 il *melting pot*, il confuso minestrone di etnie e colori della pelle, è un dato di fatto già bello che archiviato nei capitoli della storia nazionale.
Sotto una pubblicità che invita a rifarsi una dentatura low cost in Ucraina e un'altra che offre telefonate verso Pakistan, India e Bangladesh a 20 centesimi al minuto, ha ancora senso scrivere di milanesità?
Se si considerassero autoctoni solo coloro che possono vantare ambedue i genitori già nati nel territorio comunale, la città avrebbe 27.000 esponenti. Più o meno come Lodi. Non sarei compreso nemmeno io in quanto erede di madre triestina. E non

lo sarebbe nemmeno mia figlia che, per i misteri dell'anagrafe, essendo stata partorita all'Ospedale San Raffaele, si ritrova sulla carta d'identità un *nata a Segrate*, patria della Mediaset berlusconiana. Con un certo fastidio di mia moglie, che a queste cose ci tiene.

Qualche dubbio lo pone anche il conducente, che sembra la controfigura di Diego Abatantuono ed impreca contro chi ostacola la marcia in un misto di pugliese e lombardo.

E' segno del destino che questo lavoro debba iniziare illuminato dal dubbio e dall'incertezza di metodo. Meglio così, le cose migliori nascono sempre dalla contaminazione e dalla confusa osservazione di ciò che ci circonda.

Manuela Alessandra Filippi, la mia amica, storica dell'arte, nonché entusiasta promotrice di tutto ciò che sa di cultura e di camminate per la città, non mi ha lasciato molto scampo.

Animata da furore messianico, vuole a tutti i costi organizzare i *Lunedì del crimine*, dei giri a piedi che si dipanano nell'intricata toponomastica cittadina, con soste nei luoghi ove il caso ha voluto disseminare personaggi sanguigni e sanguinari, espressione di una milanesità che potremmo agevolmente definire *dark*.

Il suo credo è quello di utilizzare la cronaca nera cittadina come lente d'ingrandimento. Un espediente per raccontare le idiosincrasie e le insofferenze, le nevrosi e le speranze, le armonie e le inquietudini, che si agitano dentro e fuori le mura del capoluogo. Perché in fondo, una città è ben questo: un caleidoscopio di fatti, d'idee e di persone che abitano il cemento.

Che il delitto rappresenti una chiave di lettura della

grammatica urbana, è poco ma sicuro. Con la sua casualità colpisce senza ritegno nei palazzi dell'alta borghesia, s'infiltra nel sottosuolo dei quartieri popolari per poi emergere inaspettatamente a qualche chilometro di distanza, in un parco, presso un distributore di benzina, in un parcheggio. Se ne frega allegramente delle buone maniere e del tempo che passa, menando fendenti nel via vai di carrozze ottocentesche, schivando le bombe belliche, girovagando in mezzo ai sogni della ricostruzione come nei cortei post sessantottini per approdare, infine, nella stanca metropoli del presente. Nessun rispetto per la storia, per la cronologia, per l'ordine costituito.
Ma la faccenda, che mi porta verso il centro città, è più complessa. Secondo Alessandra, nulla avviene per caso. Il delitto, nella sua visione, può benissimo convivere con la presunta bellezza di Milano, della quale si fa orgogliosa portavoce.
Lei sostiene che per capire a fondo questa città, per apprezzarla e viverne i pregi, bisogna assecondarne lo spirito circolare.
Le circonvallazioni, i navigli, i bastioni, le tangenziali e non solo.
Parla di una spirale, di un enorme serpentone con la testa, se ricordo bene, in Piazza Mercanti, che dipanerebbe le sue spire per tutta l'urbanistica milanese. Se ho ben capito, una volta accertata questa natura concentrica, tutto apparirebbe più chiaro. Bello e brutto della città si fonderebbero. Delitto e bellezze architettoniche. Morte e vita. Yin e yang, maschile e femminile, luce ed ombra. Tutto mescolato in un minestrone che non a caso è detto milanese.
Non ci giurerei, ma l'enfasi che pone nelle sue teorie

potrebbe sottintendere una metafora esistenziale. Faccende delicate e oscure tipo il cerchio della vita, il moto solare, le energie vitali, l'espansione interiore. La Girella alla nutella. Tutto ciò non può che incuriosirmi. Rabdomanti dello smog andremo a cercare l'anima milanese, sempre che ci sia ancora, per le strade e fra la gente. Consumeremo le suole delle scarpe creando delle mappe alternative a quelle topografiche, dove i punti d'interesse sono selezionati dagli avvenimenti delittuosi. Potremmo chiamarle psico mappe. Anzi, meglio, *Psyco mappe*.

Aviluppato dai miei pensieri rischio di perdere il flusso d'uscita che svuota il tram davanti alla cattedrale, quel Duomo che, anche prima di diventare famoso sotto forma di souvenir lanciato sul volto di Berlusconi, già aveva la sua dignità e il suo onorevole posto nella storia del gotico.

Anche se qualche purista dissente, non si può negare che la sua visione, specie ora che in parte è stato ripulito da polveri più o meno sottili, è sempre una festa per gli occhi.

Quella che manca, se mai, è la piazza. Non perché davanti al sagrato i turisti abbiano smesso di fotografare con l'iPhone, ma perché della piazza ha solo il nome. In piazza Duomo non si piazza nessuno, la gente la attraversa, ma non ci staziona.

Simbolo dell'incapacità progettuale e dell'immobilismo di coloro dai quali ci facciamo governare, da tempo l'area è incapace di svolgere la funzione di salotto, di luogo d'incontro, di simbolo cittadino. Gli unici che la vivono intensamente sono i piccioni. Per anni ho sentito urbanisti, architetti e assessori parlare della Milano di domani come se una città si potesse ribaltare a piacimento. Milioni spesi in meeting, conferenze, studi analitici, progettazioni, consulenze, mostre, plastici e tanto fumo. Nel frattempo non si è voluto nemmeno dotare la piazza di qualche panchina, facilitare l'apertura di bar sotto i portici, permettere l'allegra invasione di sedie e tavolini per rendere accogliente questa spianata.

Nel 2009, il maestro Claudio Abbado aveva chiesto al Comune di sostituire il proprio cachet con la posa di alberi nel cementificato centro cittadino. Una parte di questi, su progetto elaborato da Renzo Piano, avrebbero costituito una sorta di quinta teatrale tra il monumento equestre di Vittorio Emanuele ed il proseguimento di via Mazzini. Idea semplice ed efficace per dare refrigerio nei mesi estivi e calore in quelli invernali. Troppo bello per essere vero e infatti non se ne fece niente.

C'è sempre qualche mistero che si frappone tra le idee e la loro realizzazione, un sottile e impalpabile diaframma che isola le cose più semplici e che rende tutto complicato e infattibile.

Nel mentre la città langue, soffocata non dal traffico, come pensano le anime semplici, ma dal grigiore progettuale, dalla mancanza d'ideali, dal non saper gettare il cuore oltre l'ostacolo.

Ci fu un tempo nel quale Milano era una città riformista, tollerante, capace di accogliere tutti quelli che avevano qualcosa da dare e da dire. Il Duomo e la sua piazza, erano il punto d'arrivo di tante esistenze, davano identità, creavano appartenenza. Fino ai primi anni Ottanta, quando il vento autunnale soffiava da nord est, proveniva da Corso Vittorio Emanuele un profumo dolciastro di caldarroste misto a quello intenso del tartufo.

Poco più in là della Rinascente, c'era, infatti, un

minuscolo baracchino che vendeva preziosi tuberi d'ogni provenienza, bianchi d'Alba, neri di Norcia, grigi del Po, il cui profumo annunciava l'arrivo imminente dell'inverno.
Davanti al Camparino, proprio all'ingresso della galleria, stazionava, insensibile alle intemperie, un folto gruppo di vecchietti, o almeno così parevano a me ragazzino, che al sabato e alla domenica raggiungeva una tale dimensione da sconfinare nell'adunata sediziosa. Parlavano, gesticolavano, poi di colpo qualcuno alzava la voce nel tentativo di imporsi in contese dialettiche, generalmente politiche. Poi, o è morta la politica o sono morti loro, fatto sta che ora c'è il vuoto. Sul Corso che porta a piazza San Babila si poteva incontrare Franco Trincale, l'ultimo dei cantastorie. Munito di chitarra malmessa, un amplificatore portatile e di cartelloni dipinti a mano, raccontava con l'accento della sua Militello di Puglia, decenni di storie, di delitti, di passioni e di misteri italiani. Da qualche parte devo ancora avere un suo 45 giri, datato 1970, dal titolo *Il ragazzo scomparso a Viareggio*. In un'allegra ballata con rima bislacca si annunciava che «era l'ultimo dì di gennaio e a Viareggio un bambino è rapito, il movente ben presto è capito: un riscatto in denaro sarà. Lavorini Ermanno si chiama che in pineta si reca a giocare, lì un uomo lo venne a cercare ed in auto, si dice, salì».
Non è andata proprio così, ma non si richiede al narratore di strada la precisione di un atto giudiziario.
In qualsiasi città del mondo, il buon Franco sarebbe stato protetto, vezzeggiato e coccolato come ultimo rappresentante di una cultura popolare antichissima che affonda le sue radici nei Canard, giornali scandalistici così chiamati perché, come le oche,

starnazzavano le notizie.
Magari sarebbe benignamente sopportato come il predicatore picchiatello di Times Square a Manhattan che, armato di versetti biblici, insulta da lustri i passanti tra la quarantasettesima e la settima Avenue, promettendo loro il fuoco dell' Inferno e la maledizione divina. E invece no. Da noi non funziona così, ed il menestrello meneghino, vittima di continue multe comminate da vigili troppo solerti, ha dovuto chiudere baracca.
Attraversata l'elegante galleria, sbuco in piazza della Scala. Questo è il regno dei giapponesi che armati di macchina fotografica d'ordinanza si scatenano in flashate continue. Adoro i turisti e quelli orientali in particolare. Con i loro risolini, l'entusiasmo fanciullesco e gli ombrellini per proteggersi dal sole anche quando siamo a marzo e la temperatura segna quattordici gradi, mi rendono orgoglioso della città. L'idea che qualcuno faccia migliaia di chilometri per vedere ciò che noi abbiamo costantemente sotto gli occhi, dà un senso d'appartenenza alla comunità internazionale, al grande mondo che si spinge oltre i bastioni di porta Venezia. C'è solo un particolare. Quelli che ho davanti, cinesi, giapponesi, coreani, sa il cielo, si stanno immortalando l'un l'altro davanti a Palazzo Marino convinti che sia il Teatro alla Scala.
Nella loro logica il palazzo più grande deve essere quello più famoso. Lo capisco perché un gruppetto si è già messo in posa davanti al *teatlo* e mi chiede aiuto per *fale fotoglafia*. Non mi sento di deluderli e magari offenderli, dunque scatto senza far notare l'errore. In fondo, poi, non sono così distanti dalla realtà. Anche questo è luogo di melodramma e di finzione, solo meno serio di quello nel quale si sono esibiti la

Callas e Pavarotti. Qui si recita l'illusione della politica ben sapendo che questa non abita più da tempo le antiche sale nelle quali, per faccende di parentela, scorazzavo liberamente da piccolino.
Meglio che mi occupi di delitti. Anche perché si sta facendo tardi per il mio appuntamento. Non di tutti i crimini beninteso, ma solo di quelli che in qualche modo ci rappresentano. Quelli che hanno un valore simbolico e contengono granelli di milanesità, come i nostri polmoni racchiudono il pm 10. Frammenti d'irrazionalità o di lucida follia che hanno in qualche modo contribuito alla storia della città. Ci sono punti della città dove il destino ne ha accomunati parecchi. Piazza Scala è uno di questi. Guardando dagli uffici posti sul retro di Palazzo Marino, in direzione via Hoepli, dove ora sorge la J.P. Morgan Chase Bank, qualche amministratore cittadino potrebbe incrociare il fantasma di un predecessore che qui abitava nel lontano 1814. Non Alessandro Manzoni, che pure dimorava ad un passo, ma Giuseppe Prina, sfortunato conte nonché Ministro delle finanze cittadine nel periodo napoleonico.
Il 20 aprile 1814, giorno difficile di un anno di transizione tra Regno Bonapartiano e Restaurazione austriaca, fece le spese dello scarso amore dei milanesi per chi mette troppo spesso la mano nel loro portafoglio. Con il ritirarsi dei soldati francesi che lasciavano privi di protezione coloro i quali avevano sposato l'appannata causa della liberté, egalité e via discorrendo, un gruppo di rivoltosi (secondo alcuni),
di patrioti (secondo altri), di bottegai inferociti per le troppe tasse (secondo gli storici più maligni), si recò urlante all'abitazione del Prina. Lo trovarono nascosto in un armadio, nudo come mamma l'aveva

fatto e lo invitarono ad uscirne per poi scaraventarlo dalla finestra. Trattandosi di un'abitazione di soli due piani, ciò non fu la causa della morte del malcapitato. Purtroppo per lui viene da dire, poiché il linciaggio era appena agli inizi. Per quattro ore la folla infierì sul Ministro, armata della punta degli ombrelli che i gentiluomini erano soliti portarsi appresso. Un'agonia terribile, degna di un San Sebastiano laico, della quale resta traccia nella vulgata milanese per la quale *far la fine del Prina* non è augurabile a nessuno.

Siamo fatti così. Vampate improvvise di collera che si dipanano nei secoli e vanno dal Barbarossa a Mani Pulite per poi inabissarsi nel sottosuolo carsico della storia. Ora è proprio il momento di andare all'appuntamento.

Alessandra, in completino di lino molto *charmant*, ha già legato la sua vetusta bicicletta a prova di ladri ad un palo e possiamo così iniziare la nostra passeggiata per le vie del centro.

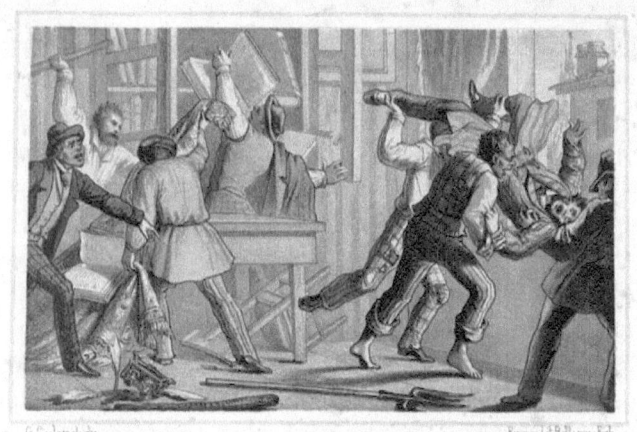

*Morte di Giuseppe Prina.*

## Alessandra. La città delle donne

Quello che mi fa impazzire di Milano è la sua capacità di far convivere, senza imbarazzi, il sacro e il profano, il diavolo e l'acqua santa, i luoghi di sacrifici pagani e i templi della cristianità.
Il tutto in porzioni di spazio non più grandi di un blocco newyorkese.
Un miracolo che si rinnova anche nella convivenza virtuale tra me e Psyco, come da ora in poi chiamerò l'esimio criminologo Luca Steffenoni. Perché le differenze tra noi due saltano all'occhio e so già che l'impresa non sarà facilissima.
Intanto, lui è milanese mentre io sono giunta in città solo da qualche anno, attratta dalla bellezza del luogo, ma anche dalla sua storia. La diversa nascita si traduce in un suo velato pessimismo brontolone molto in voga da queste parti, che non è facile scalfire. Chi vive da sempre nello stesso posto fa fatica ad apprezzarne i pregi, bisogna inculcargli un po' d'entusiasmo. Ma se c'è una cosa che non mi manca è proprio la tenacia. I *lunedì criminali* si faranno e si faranno esattamente come li ho in testa.
Certo, per convincerlo a scorazzare per Milano facendo da Cicerone ai luoghi del delitto ho dovuto cedere a qualche compromesso.
Lui è quel genere di persona che pensa che ogni esperienza personale debba coagularsi su un foglio stampato. Insomma, se la tiracchia un po' da scrittore, passando dalla saggistica al romanzato con una certa disinvoltura.
L'avete notato? Gli uomini scrivono un sacco. Credo che abbiano bisogno di paternità, di lasciare qualche

cosa di tangibile, giacché immortalità mi sembra un concetto troppo elevato. Le donne preferiscono leggere, sono portatrici sane di cultura e di riflessioni, accumulano anziché spargere il seme del sapere. Dunque, l'ho attratto con la promessa che, una volta definito il nostro progetto e dopo aver girovagato un po', avremmo riversato tutto in un libro.
Così eccomi qua, coperta di lino dalla testa ai piedi, bicicletta assicurata al palo, suole calde, pronta a prendere il toro per le corna.
Se non riuscirò a blandirlo con i miei racconti, se non altro lo prenderò per stanchezza.
Bene. Cominciamo.
In un fazzoletto di terra che va da Piazza Scala a Piazza Duomo, passando per la maestosa galleria Vittorio Emanuele II, è racchiusa in soldoni la storia della città.
Dai primi Galli Insubri che abitavano la zona, fino al popolo festante degli arancioni, che al grido «Giuliano, Giuliano libera Milano», ha salutato l'arrivo dell'attuale sindaco, è qui che si è sempre deciso, nel bene e nel male, il destino della città.
Una città che è femmina, molto più di quanto s'immagini, a cominciare dalla sua forma.
Ho sempre pensato che ogni città abbia una forma e che ad essa sia legato il suo destino.
Prima che gli eventi bellici e le deprecabili ricostruzioni dei decenni successivi si abbattessero senza pietà sul tessuto urbano, Milano ha avuto la forma di un cerchio, anzi, di tanti cerchi concentrici, tanti quanti i suoi ampliamenti.
Venezia, sorta dall'acqua come Venere, ha la forma di un pesce. Roma, strappata alle paludi e fluttuante sulle ampie caverne tufacee, quella di una stella a

sette punte. Milano, fertile e operosa fin dagli albori, mi piace vederla come un sole e le sue strade, che s'irradiavano verso le campagne, come i suoi raggi.

Al centro di questo sole, (quasi al centro, giacché il punto focale è in piazza dei Mercanti, dunque leggermente più ad est), dove oggi sorge il Duomo, 2500 anni fa c'era un bellissimo bosco attraversato da piccoli corsi d'acqua e popolato da uccelli, neanche lontani parenti degli attuali piccioni color acciaio.

Qui gli Insubri, anime piuttosto semplici, avevano costruito un altare consacrato alla Grande Madre, la dea delle acque, teatro di sacrifici animali, talvolta umani, quando i primi scarseggiavano.

La clava a quei tempi aveva già fracassato numerose teste, così il sangue scorreva a fiumi, con buona pace di tutti e sommo gaudio di Psyco.

Più tardi questo culto venne scalzato da quello della dea Belisama, altra donna dunque, protettrice del fuoco, alla quale è legata una delle tante leggende sulla nascita della città. A dire il vero la più accreditata. Se diamo per buona questa versione, sembra che la prima pietra o meglio, la prima palafitta, sia stata piantata da un certo Belloveso, intrepido principe Gallo proveniente dalle pianure del Rodano, a cui gli Dei, che evidentemente avevano il tempo per dedicarsi agli affari internazionali, indicarono la via verso la nostra penisola.

Si sa che gli Dei comunicano sempre con sottili presagi, ardite metafore, sogni densi di simbolismi e dunque in questa storia entra anche una candida scrofa irsuta, che guarda caso, non solo era l'animale simbolo della Grande Madre degli Insubri, ma anche quello che ornava lo scudo del valoroso principe facendogli compagnia quando, sfiduciato e infreddolito, si domandava chi glielo avesse fatto fare di valicare le Alpi, per andare a caccia dell'Eldorado nostrano.

In sogno, come nello stato di veglia, andava a caccia d'indizi per identificare il luogo propizio dove fermarsi e fondare il nuovo villaggio. Una voce fuori campo pare gli abbia suggerito che, laddove si fosse imbattuto nel mitico cinghiale, grufolante ai piedi di un biancospino, lì avrebbe dovuto piantar le tende.

Così andarono le cose.

Un bel giorno una staffetta, partita in avanscoperta, fece ritorno tutta trafelata all'accampamento dei nostri e in preda ad un'euforia incontenibile, dichiarò di essersi imbattuta nel leggendario animale.

Belloveso, non sappiamo se più commosso o stremato, raggiunse la radura dando così inizio ad una delle storie più avvincenti del vecchio continente: la fondazione di Milano.

L'amico criminologo avrà da ridire, ma non c'è ombra di dubbio che quella che ci apprestiamo a raccontare, tra il serio e il faceto, tra un cantone e un delitto, tra un sestiere e una rapina, tra una contrada e una banda armata, è l'epopea di una città che ha saputo risorgere dalle sue ceneri mille volte. Reinventarsi un ruolo e affermarlo con la forza delle idee e la sana operosità di chi sceglie di fare invece che parlare a vanvera.

E non c'è rischio che questo pensiero sia frutto di campanilismo. Io, di milanese, non ho quasi nulla, fatta eccezione per una lontana discendenza austroungarica.

Non sono nemmeno nata a Torino, che considero a tutti gli effetti la mia città d'origine, date le radici secolari che la mia famiglia affonda da quelle parti.

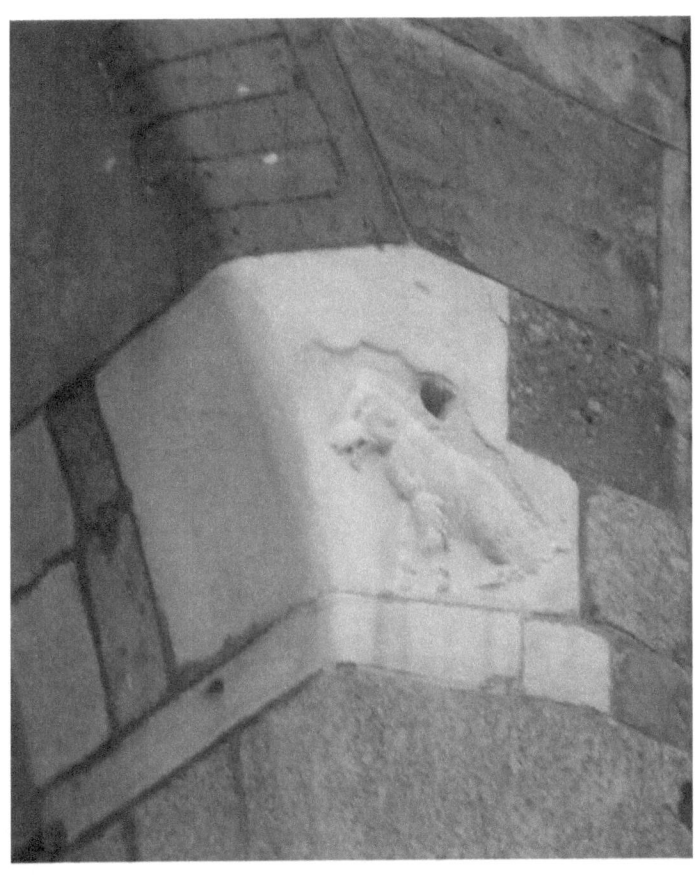

*Bassorilievo raffigurante la scrofa semilanuta, di datazione incerta, presente sulla seconda arcata del Palazzo della ragione, lato Via Marcanti, di fronte al Palazzo dei Giureconsulti.*

Concepita in Canada, nata sotto il segno del Manneken-Pis, la statua del bimbo che poco educatamente fa pipì in pubblico, curioso simbolo dell'indipendenza di spirito degli abitanti di Bruxelles,

che ho assorbito tra una poppata alla birra e una scarrozzata al Parco; cresciuta tra la solidità della Mole e l'ombra del Cupolone, direi che sono al di sopra di ogni sospetto. Ma torniamo alla città.
Ci pensano i Romani, nel 194 avanti Cristo, a far piazza pulita dei riti locali e ad abbattere i primi alberi sacri posti nel centro di quella che diventerà Mediolanum.

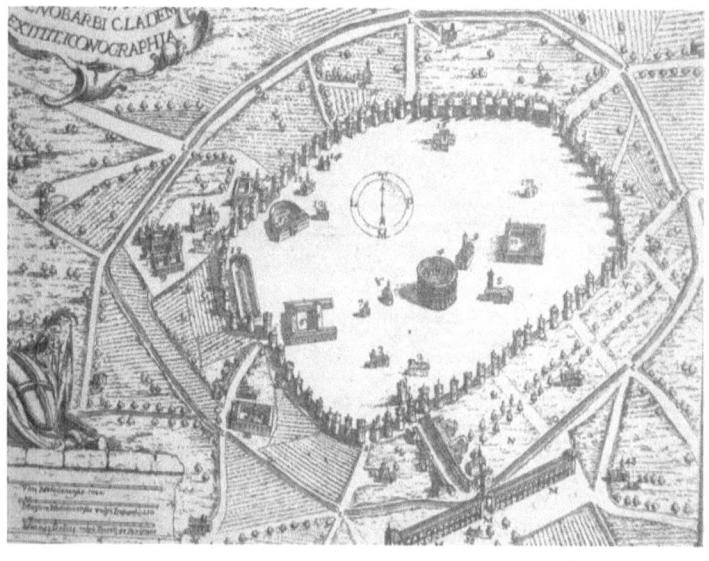

*Le mura romane di Milano all'interno di quelle medievali, Archivio fotografico municipale di Milano.*

La civiltà fondata su un matriarcato illuminato, cresciuta nel seno della Grande Madre, delle feste in onore del *Fuoco di Belisama*, con garbo ma inesorabilmente, viene cancellata. Al suo posto subentra il patriarcato e il maschio-centrismo dei Romani che, tuttavia, ne rispettano in parte l'animo femminile, costruendo un bel tempio dedicato a Minerva, proprio al centro del bosco sacro.
Una vera rivoluzione, lanciata nel segno della continuità: il santuario resta dedicato ad una dea, votata al sacro fuoco dell'intelletto. Sempre di luce si parla.
Così come si farà ben 1500 anni dopo, quando posando la prima pietra del futuro Duomo, si deciderà di dedicarlo a Santa Maria Nascente.
Come dicevo all'inizio, Milano si declina al femminile.

## Luca. Delitto d'onore

Non abbiamo neanche iniziato e già sorgono divergenze d'opinione. A parte che lo capirebbe anche un bambino che se Milano ha scelto un nome maschile non può essere un caso. Viceversa si chiamerebbe Milana, che suonerebbe piuttosto cacofonico. Ma il punto è un altro. Il sesso alle città penso lo fornisca la vita reale non la leggenda. Roma, per esempio, è femmina. Del suo animo matriarcale ha l'accoglienza, l'ecumenismo, l'affettività, ma anche le bizze. Milano invece è maschia. Un po' stordita e fessacchiotta, come l'uomo d'inizio millennio non sa bene che ruolo assumere, combattuta com'è tra mito virile della città del lavoro e spaesamento post moderno. Per non sbagliare non fa nulla, attendendo che i tempi chiariscano meglio la direzione da prendere. Della definizione di capitale morale è rimasto solo il moralismo dilagante, dunque che fare? Città europea? Ok, ma in che senso? Riferimento per il Sud o ultimo avamposto mitteleuropeo? Cosa c'è di più maschile dell'incertezza, del perenne dubbio? Ma vai a spiegarlo alla mia compagna di viaggio, che sospetto sia in preda alle rivendicazioni tardo femministe, così in voga di questi tempi. Meglio lasciar perdere. In definitiva Milano potrebbe pure essere un transessuale, anzi sarebbe meglio. Sicuramente più allegra e colorata.
Passiamo alle cose serie. La prima tappa è già servita sul taccuino di viaggio. Non dobbiamo spostarci molto, anzi è bene che stiamo fermi in mezzo ai turisti che entrano ed escono dal foyer del tempio della lirica.

Fino al 2004, anno nel quale sono terminati i lavori di ristrutturazione della facciata e degli interni, ai piedi di una colonna posta dinanzi all'ingresso, c'era una piccola scalfittura nel muro che i più attribuivano alla vetustà dell'intonaco. Qualche operaio l'ha coperto con del gesso senza evidentemente immaginare di sigillare al suo interno anche un vecchio proiettile calibro 9 esploso da una Browning Fn modello 1910, testimonianza di un omicidio che può dirci molto su quanto la città sia cambiata e quanto, viceversa, le motivazioni criminali dei suoi abitanti restino sempre le stesse.

Una storia che si snoda tra due palazzi attigui, la Scala, appunto, e la sede centrale della ex Banca Commerciale, situata alla destra di chi osserva il teatro. La vita e la morte divise da cinquanta metri.

Siamo nel novembre del 1922. Anno I dell'era fascista, secondo il calendario entrato in vigore quel 28 ottobre. Le vicende politiche che incrociano i destini del Paese, con il loro corollario di camice nere, di scioperi, d'attentati e di violenze, non impediscono a chi ne ha la possibilità e la voglia di godersi qualche piacere. I saloni della Banca, celebre istituzione a cui i milanesi erano un tempo devoti quanto a Sant'Ambrogio, sono addobbati a festa per l'annuale ballo che vede riuniti i principali notabili cittadini, i più facoltosi clienti ed i funzionari che si sono guadagnati l'ambito accesso.

Occasione d'incontro e di vigorose strette di mano per gli adulti danarosi quanto di svago per le loro mogli e per i loro figli.

Tra gli invitati in frac c'è anche Antonio Ghezzi, industriale del nascente settore metallurgico, al braccio della moglie Cleofe, felice di presentare in società la bella figlia Ester, ammirata diciannovenne che avrebbe, nelle aspettative dei genitori, certamente destato l'interesse dei presenti.

Biondina con l'occhio turchino e con quel fascino nordico assai raro in tempi nei quali colpi di sole e mèches erano ancora di là da venire.

*Disinibita*, la descriveranno più tardi i giornali con una punta di bacchettonismo e di pruderie polverosa. L'animo trasgressivo si concretizzava, per la verità, in poca cosa: una grande passione per il ballo, la disinvoltura nel dialogare con uomini più maturi, la civetteria di un precedente fidanzamento con tale Giampaolo Ciceri, direttore amministrativo della ditta paterna, rotto per noia e capriccio giovanile.

La serata fu un successo e il piccolo block notes sul quale le nostre nonne e bisnonne erano solite elencare la precedenza da dare a ballerini e pretendenti, si era riempita di nomi. Tra tutti, il più intraprendente era risultato un tenente d'artiglieria di trentaquattro anni, impeccabile nelle sue uniformi quanto sensibile alle grazie della disinvolta fanciulla.

Gli chaperon che attendevano in piazza gli esausti convitati, accolsero, però, nelle loro vetture due stati d'animo assai differenti. Se per la ragazza milanese quell'incontro era stato unicamente occasione di divertimento di cui narrare alle amiche assenti, per il non più giovanissimo militare segnava l'inizio di molte pene d'amore. Lui si sentiva già impegnato dallo sguardo acquoso della biondina, lei, come spesso accade, l'aveva già dimenticato.

Ad una conoscenza più approfondita si ergeva come un muro un grande ostacolo. Virgilio De Fabritiis, oltre ad essere per i parametri dell'epoca, decisamente vecchio, era altrettanto decisamente meridionale.

Nativo di Boiano di Campobasso, pur avendo girato le accademie del giovane Regno, ne conservava l'accento e la mentalità.

Ad Ester la cittadina del Sud evocava unicamente una landa oscura, riti pagani, figure mitologiche come le famose streghe della vicina Benevento, vecchie arpie vestite di nero che parlavano dialetti arcaici. Non poteva funzionare.

Tuttavia, come si direbbe nei romanzi seri, il destino stava tessendo la sua trama. Dopo molti mazzi di fiori e appuntamenti negati, quando ormai il tenente sembrava essersi messo l'animo in pace, avvenne il fattaccio. Il cuore di Antonio Ghezzi, padre di Ester, non certo a causa di pene d'amore, ma con più probabilità per volontà divina o colesterolo alto, cessò improvvisamente di funzionare.

Lasciando la giovane priva di sostentamento adeguato e la signora Cleofe Guerrini, vedova Ghezzi, in un mare di guai ed impegni finanziari da onorare.

Saputo della tragedia il De Fabritiis tornò alla carica, offrendo alla ragazza la sua protezione, nonché la possibilità di un matrimonio, magari non ricchissimo, ma dignitoso, come si diceva un tempo.

Alla signora Cleofe, il pretendente alla mano della figlia non dispiaceva affatto. Galante lo era, educato e premuroso pure, dunque perché non abbracciare una carriera sicura e una posizione sociale rispettabile? La bellezza svanisce in fretta, continuava a dire, e un uomo in questi tempi incerti era necessario come il pane. Non solo. Pur di giungere all'agognato traguardo il tenente le aveva promesso che una volta diventato suo genero, l'avrebbe accolta nella casa di via Del Lauro senza farle rimpiangere gli agi della precedente vita coniugale.

Le mamme italiane, si sa, sono uguali a tutte le latitudini e anche la signora De Fabritiis, mediante continue lettere, cominciò a metter bocca nel tentativo di coronare il sogno di diventare presto nonna. L'accerchiamento diventò insostenibile e in qualche mese Ester dovette abdicare, pur serbando comprensibili germi di ribellione per quel matrimonio deciso da altri.

Per farla breve si fissò il giorno delle nozze, con tutto ciò che ne segue, compresa dopo i nove mesi canonici, la nascita di Maria Fabrizia, che in questi casi si dice sempre bella bambina, anche se della sua estetica, francamente, sappiamo ben poco.

Ciò che invece è noto, è il menage poco felice della coppia. La maternità non giovò alla neosposa che, anticipando i dettami della donna emancipata, non aveva alcuna intenzione di chiudersi in casa con un marito ossessivamente geloso e una madre onnipresente.

Si rimise in contatto con il precedente fidanzato, ormai sposato anche lui, per confidargli le sue pene. Strinse nuove amicizie maschili che resteranno avvolte nel mistero. Tradì il marito? Chissà. Certo non fu in grado di stabilirlo il fumoso processo che di lì a poco si scatenerà sulle pagine dei giornali e nemmeno quello fatto di retorica e carte bollate celebrato nell'aula della Corte d'Assise.

Ma andiamo per ordine. Il 27 agosto 1925 Virgilio nel suo quotidiano controllo tra cassetti e borse della moglie trovò la *smoking gun*, la pistola fumante che dava corpo a tutti i suoi sospetti: una missiva, da spedire l'indomani, indirizzata al ragioniere Gianpaolo Ciceri, nella quale ella fissava un appuntamento per il giorno 29, alle 16, in via Verdi,

davanti alla chiesa di San Giuseppe a due passi dalla Scala. Mancavano due giorni, dunque, al fatale incontro. Quarantotto ore di patimenti, impiegate dal novello Otello per elaborare un piano utile a vendicarsi di Desdemona. La donna era stata scaltra.
La data non era scelta a caso giacché la sera del 28 il marito sarebbe partito per Torino lasciandola sola per qualche giorno.

«Partii per Torino con la morte nel cuore.
Seguirono due giorni di martirio» racconterà più tardi.
La mattina del 29 agosto, senza farne menzione con nessuno, prende un treno e torna a Milano. Si nasconde sotto la propria casa, in via del Lauro 4, e attende.
Non deve aspettare molto. Alle 15.45 Ester esce dal portone.
«Mai forse era stata così bella, radiosa ed elegante, mai era stata così seducente. La seguii, inebriato». Poi tutto diventa confuso.
«Ho sentito una voce di donna gridare: via, via che c'è mio marito. E ho visto l'ombra di un uomo che lasciava il braccio della signora e fuggiva verso la galleria» dirà la prima teste, la signora Focosi.
«Lei, una bella donna, alta, vestita di nero è andata incontro all'uomo in divisa sorridendo e dicendogli: ciao, sei tornato?» dirà la seconda teste, l'edicolante Anna Perego.
«Quattro colpi d'arma da fuoco» scriverà il medico legale, «uno al petto, uno al cuore, un terzo che ha passato il polmone sinistro ed un quarto che ha colpito la vittima alla testa».
«Cinque colpi esplosi dalla pistola d'ordinanza marca Browning eccetera, eccetera» correggerà la perizia

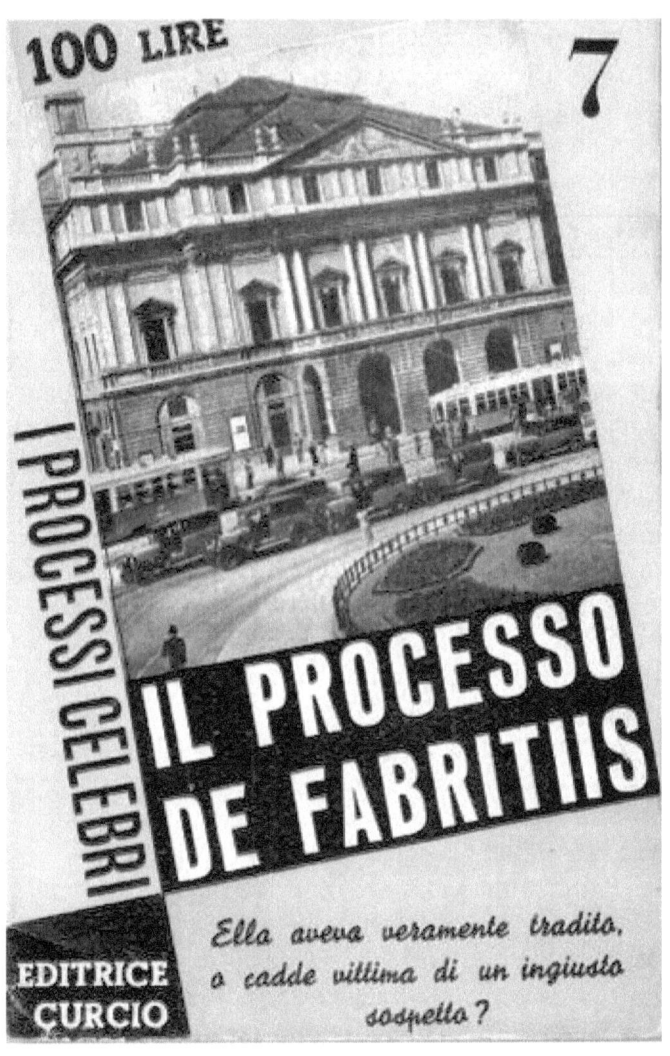

*Il caso De Fabritiis in un libro d'epoca.*

tecnico-balistica, conteggiando il colpo infilatosi nella colonna.

Il quadro d'insieme lo fornirà Achille Beltrame, celebre maestro del giornalismo pittorico, che per la copertina della Domenica del Corriere dipingerà la scena in tutta la sua drammaticità.
Poi i pianti, le imprecazioni, un tentativo di linciaggio della folla che, come vedremo, risultò assai mutevole, il salvataggio da parte di un vigile, le prime parole smozzicate in questura: «Disonorava la divisa che indosso... le mie spalline d'ufficiale... fedifraga, madre indegna di sua figlia». Tutto secondo copione, ma cosa fa di questo banale divorzio all'italiana, previsto e parzialmente giustificato dalla legge (il delitto d'onore sarà incredibilmente abrogato solo il 5 agosto 1981), qualche cosa di diverso da ciò che poteva avvenire ogni giorno in molte città? Dov'è la milanesità dell'episodio se non nella sua casuale collocazione, proprio sotto lo sguardo corrucciato del monumento a Leonardo Da Vinci?
Milano, contenitore d'ipocrisie vellutate, d'umorali passioni celate nel suo ventre borghese, partecipa attivamente a tutta la vicenda. Lo fa alla sua maniera, attraverso i crocchi di piazza e tramite le urla dagli strilloni posti agli angoli delle vie. Condivide il dramma delle famiglie Ghezzi e De Fabritiis con un'oscillazione tra colpevolismo e voglia d'assoluzione che denuncia meglio di tanti altri fatti storici la matrice perbenista della città.
Il primo istinto della folla è quello di farsi giustizia da sé e i carabinieri hanno il loro da fare a trattenere i facinorosi che si assiepano urlando cori minacciosi davanti agli uffici della questura. E' stata uccisa una donna, giovane e carina e tanto basta per affermare sentimenti di vendetta. Ma non appena i giornali s'impossessano della vicenda si diffondono i primi

imbarazzi e la difficoltà nel far coesistere nazionalismo fascista e amore per la divisa con il razzismo che cova indisturbato anche nella città col *còr in man*, col cuore in mano.

Il *Corriere della Sera*, fedele al nuovo corso, usa toni moderati verso quel tenente già promosso per meriti di guerra e sorvola sulla matrice sudista del delitto d'onore. Ma nei capannelli e nelle trattorie dei Navigli dove, insieme all'acqua, scorre la vera anima metropolitana, non ci sono dubbi: De Fabritiis è un *terrone*, dunque colpevole due volte. Pian piano l'attenzione per il caso scema. Ognuno resta della propria opinione, come sempre accade quando si tratta di questioni antiche che attraversano da sempre i poli della nazione. Il Partito Nazionale Fascista avanza nel consenso e ha altro da fare che prendersela con il soldatino di Boiano. «La razza italica è una e indivisibile», altri sono gli obiettivi da preferirsi a chi «con tanta forza d'animo ha difeso l'onore della divisa» si affretta a dire l'avvocato difensore alla stampa.

«E poi diciamola tutta, e scrivetelo voi giornalisti cosicché il messaggio giunga forte e chiaro, quella lì, come si chiama... sì la Ghezzi, madre degenere che abbandona la figlia nella culla per concedersi sollazzi d'amore ben poco consoni al suo ruolo è, *pardon* era, una testa matta, una poco di buono. E che diamine! La donna italica, nutrice di una razza forte e indomita, è fatta di ben altra tempra e segue il sommo insegnamento che Donna Rachele, dispensa alle giovani madri». W il Duce.

Così nell'aprile del 1927, anno VI dell'era fascista, si arriva al processo. La difesa del De Fabritiis è assunta da Genuzio Bentini, principe del Foro milanese.

Così nell'aprile del 1927, anno VI dell'era fascista, si arriva al processo. La difesa del De Fabritiis è assunta da Genuzio Bentini, principe del Foro milanese.

Il pubblico che si accalca dietro le transenne in cerca di qualche emozione forte, è composto da persone assai diverse rispetto a coloro che solo due anni prima avevano tentato di linciare il milite uxoricida e guarda all'impettito uomo con molta più simpatia. Tutta la questione ruota attorno al dubbio: Ester Ghezzi tradiva il marito, giustificando quindi la sua reazione secondo il codice penale, o queste erano fole di un pazzo accecato dalla gelosia?

«Quando la sposai ero a conoscenza della precedente relazione con il Ciceri. Io la pregai di non parlarmene più, ma lei non mantenne la parola. Nell'animo covava un'avversione verso di me, di cui non sapevo darmi spiegazione» dichiara subito l'imputato.

Era il ragioniere l'uomo a braccetto della donna quel pomeriggio maledetto? Quando i carabinieri, la sera dell'omicidio, si presentarono al suo uscio lo trovarono a letto per una presunta influenza, negando di essersi allontanato da casa, come confermato dal suo medico di fiducia. Inutile farla tanto lunga. La difesa martellò sui concetti d'onore per la divisa e dipinse la vittima come una sorta di prostituta. «E' male uccidere?» domandò con tono retorico l'avvocato Bentini al termine della sua arringa. «E' un male sì, ma dite voi, in coscienza, dov'è il male e dov'è il bene in questa sciagura? Tutto è male, tutto, anche ingannare l'uomo che crede alla sua donna, anche mentire, anche sommergere nel fango una povera vita che crede in voi».

«Una terribile disgrazia, non un crimine» sancirà la Corte nelle motivazioni alla sentenza d'assoluzione. I milanesi assiepati nei corridoi del Palazzo di Giustizia, giacché l'aula non poteva accoglierli tutti, scoppieranno in un fragoroso applauso. Naturalmente si tratta di vecchie storie, che nulla hanno a che vedere con la Milano affacciata al nuovo millennio. Chi mai ucciderebbe oggi per amore o per gelosia?

E chi, in tempi politicamente corretti, darebbe importanza a differenze "etniche" per dare un senso alla follia umana? O peggio ancora per manipolare fatti di cronaca e utilizzarli in senso razzista? A dire il vero qualcuno c'è e per scovarlo dobbiamo spostarci di pochissimi chilometri rispetto a piazza Scala atterrando in uno splatter contemporaneo nel quale Pulp Fiction, l'Anno del Dragone e la Cavalleria rusticana si mescolano in un cocktail rosso sangue. E' nell'impenetrabile Chinatown milanese, nella quale, secondo la vulgata popolare "i cinesi non muoiono mai", che il delitto passionale riemerge da un lungo sonno. Il 20 marzo 2009 la nuova geografia dei sentimenti paga il suo tributo alla globalizzazione, nell'attimo in cui il venticinquenne Zhang Yhng Qiang, dà appuntamento ad una ex fidanzata presso il ristorante Long Chang, all'angolo tra via Paolo Sarpi e via Aleardi.

Inaspettatamente il ragazzo non la trova sola, ma assieme al nuovo amore Huidi Zhang di 25 anni e al fratello di lei, Bang Luxi, di ventisei anni, a sua volta accompagnato dalla moglie.

Secondo l'usanza, importata dal paese d'origine, una giovane non uscirebbe mai per un primo appuntamento senza la scorta di un fratello. Allo stesso tempo questa presenza è la conferma che il corteggiamento è ufficiale e dunque Zhang si trova davanti ad un'amara verità: è stato scaricato e già rimpiazzato.

Da qui ai toni accesi, agli spintoni, e al «vieni fuori se hai il coraggio», il passo è breve. Come Virgilio De Fabritiis, anche il giovane cinese deve tributare il giusto onore ai propri valori e lo fa con colpi degni di Bruce Lee, fino a quando dal suo giubbotto di pelle non compare un coltello lungo cinquanta centimetri con il quale recide in un colpo solo la gola del neo fidanzato e quella del fratello accompagnatore.

Huidi Zang fugge verso via Rosmini, ma dopo pochi metri crolla a terra, esalando l'ultimo respiro. Bang Luxi se la caverà grazie all'intervento della moglie che riesce a tamponare in qualche maniera la gravissima ferita.

In un lago di sangue resteranno, per la gioia dei fotografi, le scarpe con vertiginosi tacchi a spillo della novella Elena di Troia, la cinesina che ha fatto tremare per giorni i vertici delle forze di polizia preoccupati che dietro all'accoltellamento si nascondesse una guerra tra bande rivali.

Come se il tempo non fosse mai passato la città reagisce al delitto delle lanterne rosse riattivando la propria incomprensione verso chi viene da fuori. Se ne fa interprete la politica, che approfitta immediatamente dell'episodio per varare una serie di provvedimenti xenofobi, tesi a rendere la vita difficile ai mille commercianti con gli occhi a mandorla e a preludere ad una loro deportazione fuori dal centro. Battaglia del tutto inutile, destinata a fallire miseramente.

## Alessandra. Monache a luci rosse

A proposito di lanterne rosse, con tutto il rispetto per Psyco e per i suoi parallelismi, avrei qualcosa da aggiungere. Lo fermo, mentre con passo lento vedo che fa per imboccare via Manzoni.

«Tenente Colombo! Se parliamo di passioni non possiamo dimenticarci della monaca di Monza».
«Credevo volessimo concentrarci su Milano» risponde.
«Lo vedi che non lo sai nemmeno tu?».
«Ma cosa?».
«La vera storia della monaca più famosa d'Italia. E quella della maledizione del palazzo che ci sta di fronte. Siediti sulla panchina di marmo e stai zitto per un momento. Osserva quel parallelepipedo che chiude la piazza, ovvero Palazzo Marino. Ti sei mai accorto che, architettonicamente parlando, non c'entra nulla con tutto il resto?».
«Ma... si, forse, boh» balbetta.

«Appunto, infatti è sempre stato un corpo estraneo nel contesto urbano nel quale è forzatamente inserito, così massiccio e opulento da risultare indigesto alla sobrietà meneghina e destinato a suscitare scandalo, mugugni e indignazione fin dalla posa della prima pietra, avvenuta nel 1557. Prima di tutto perché a progettarlo era stato un forestiero, tal Galeazzo Alessi, perugino, ignaro delle regole non scritte relative a quell'*understatement*, un po' calvinista, che piace tanto ai lombardi. In secondo luogo perché a commissionarlo era stato un *nouveau riche*, un certo Tommaso Marino, banchiere genovese, assurto agli

onori della cronaca per le sue manovre finanziarie spericolate e per essersi accaparrato il monopolio del sale tra Venezia, Milano e Genova».
«Una specie di Raul Gardini dell'epoca, che tra l'altro è morto suicida, o è stato suicidato, a pochi passi da qui, nel settecentesco palazzo Belgiojoso» mi interrompe improvvidamente Psyco.
«Si esatto, se poi mi lasci finire…». Santa pazienza.
Tanto per cominciare il banchiere non lo vedrà mai finito. Come se non bastasse, tra le sue mura uno dei suoi figli assassina un servo, ma, cosa per quei tempi assai più grave, un altro dei suoi turbolenti figli, tale Nicolò, pensa bene di uccidere la giovane moglie in un impeto di gelosia. Il ragazzo fuggirà da Milano, scatenando una caccia all'uomo, risoltasi con un nulla di fatto, dato che di Nicolò si perderà ogni traccia. Nel dubbio, il padre lo diseredata, ma la storia non finisce qui. La famiglia della vittima reclama la consegna della piccola nipote, rimasta orfana e soprattutto potenziale erede universale del ghiotto patrimonio del nonno. Marino rifiuta l'invito dei consuoceri e come risposta subisce una pesante perquisizione del palazzo che culmina con il suo arresto. Incanutito e stanco, ultra novantenne, si salva grazie all'intervento del cognato, che si offre prigioniero al suo posto. La sua potenza ne esce, tuttavia, fortemente offuscata, gli affari tracollano e i creditori si fanno sempre più minacciosi. Quando muore, nel 1572, alla veneranda età di 97 anni, quel che lascia è un impero al collasso, un palazzo da finire e due figlie: Clara e Virginia.
Psyco, che quando sente parlare di delitti s'infervora, ma quando registra date troppo vetuste si incupisce temendo l'effetto guida turistica, inizia a borbottare.

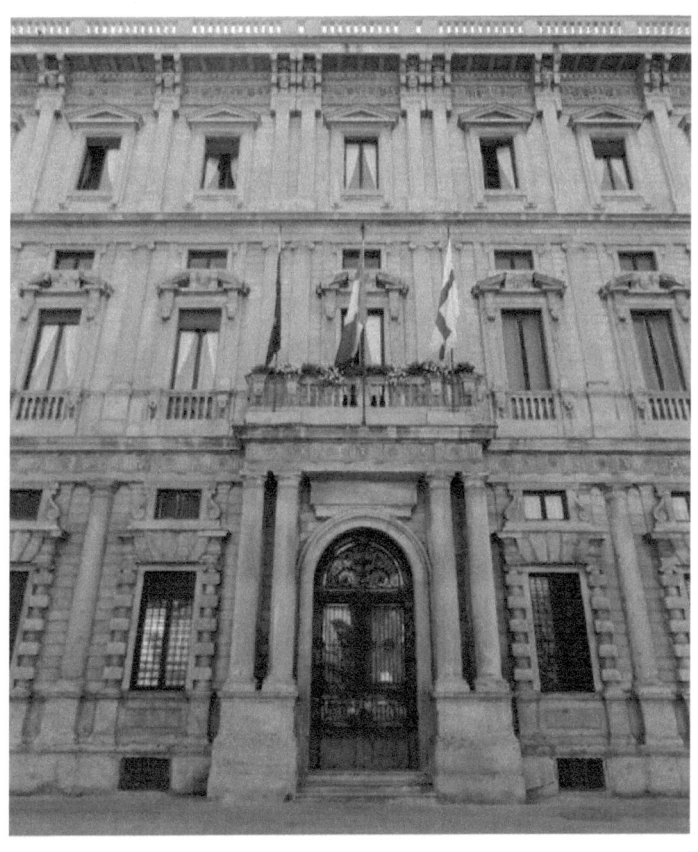

*Particolare di palazzo Marino, oggi sede dell'Amministrazione comunale e del sindaco della città. In verità, il lato che oggi è considerato il principale è stato per oltre tre secoli il lato incompiuto e affacciava sul sordido vicolo dello Straccione, il cui toponimo la dice lunga sullo stato in cui versava. La facciata viene completata solo dopo l'unità d'Italia, ad opera di Luca Beltrami, quando verrà abbattuto tutto l'isolato che sorgeva dove oggi si trova Piazza della Scala.*

«Non dovevi parlare della Monaca di Monza? Per adesso si è capito abbastanza poco».
Tento di metterlo a tacere, impresa ardua perché il soggetto è un buon parlatore, ma un pessimo ascoltatore.
«Adesso arriviamo anche alla monachella».
Per farla breve la situazione economica che devono affrontare le due sorelle è disperata.
Per somma di sventura Virginia rimane vedova, con sei figli da crescere e un debito sulle spalle di 253.000 scudi del vecchio conio (qualcosa come qualche milione di euro).
Un lieto fine, tuttavia, sembra profilarsi all'orizzonte: un nobiluomo, con un buon conto in banca ed un pedigree di tutto rispetto, le mette gli occhi addosso.
È niente di meno che Martino de Leyva, nipote del primo governatore del ducato di Milano, amico personale dell'imperatore Carlo V.
C'era di che sperare? Neanche per sogno. L'ombra sinistra della maledizione trasuda dalle pareti incompiute del palazzo e non guarda in faccia a nessuno.
I due si sposano alla vigilia di Natale del 1574. Lui si trasferisce a palazzo Marino, nell'ala di proprietà della moglie e qui, dopo poco più di un anno, nasce il frutto della nuova unione, Marianna, che passerà alla storia con il titolo di Monaca di Monza.
Proprio così. Sono in pochissimi a sapere che la suora di clausura evocata dal Manzoni è nata in quella che oggi è la sede del Comune.
«Mi sfugge il passaggio che fa di una giovane rampolla di blasonata famiglia, sebbene con qualche debito da saldare, la sventurata chiusa in convento. C'è del torbido in questa storia?» chiede Psyco, che,

sotto sotto, si sta appassionando alla vicenda.
«Non molto per la verità, ci sono invece delle questioni di portafoglio», spiego paziente.
La maledizione continua, la piccola non ha ancora compiuto un anno ed ecco che perde la madre, vittima forse della peste, finendo nelle grinfie dell'ultra bigotta zia Clara che pregusta per lei un futuro in convento. Nell'indifferenza del padre, troppo preso dalla sua carriera militare, nonché dalle grazie di una nuova fiamma spagnola, la povera Marianna viene spogliata di quasi tutte le rendite familiari. Da erede al cinquanta per cento dei beni materni, si ritrova con poco più di un decimo. Manzoni racconta che Marianna fosse destinata al convento sin dalla nascita, ma ciò non sembra storicamente corretto. In una lettera datata 26 giugno 1586, il padre di Marianna scrive a proposito delle prospettive matrimoniali della figlia, che al momento di un eventuale sì davanti all'altare, avrebbe dovuto ricevere in dote ben 7000 ducati. La svolta arriva due anni dopo. Cos'è successo nel frattempo? Perché un così repentino e inaspettato cambio di rotta e l'adesione ai desideri della pestifera zia?
Di mezzo c'è il fascino esotico della bella spagnola, Anna Viquez de Moncada, che si inserisce come la matrigna di Biancaneve nella vita di Marianna.
Durante il carnevale del 1588, il padre sposa la pulzella, che presto gli darà ben tre maschi. Figli veri, dirà lui. Che possano seguirlo nella carriera militare e forse comprenderlo in quel rimbambimento senile che accompagna spesso gli uomini di mezza età alle prese con giovanissime mogli. Marianna diventa un inutile peso per la matrigna. Pochi mesi dopo la bimba entra nel monastero di Santa Margherita a Monza.

Ha 13 anni e 3 mesi. Della succulenta dote promessa dal padre, non vedrà che le briciole, derubata delle proprie sostanze, ma soprattutto della sua vita. Tutto il resto è cosa assai nota e ben narrata dal Manzoni.

«Interessante» dice Psyco.
«Come interessante? Ti spiattello la vera storia della monaca di Monza, della quale tu, confessa, non hai la minima idea e tutto quello che sai dire è …interessante».
«Cosa devo dire...non so... qualche cosa di più attuale?».
«Facciamo un salto temporale fino al 1720?» propongo.
«Credo che diamo un senso diverso all'attualità, comunque ok, suppongo che una storica debba fare proprio questo: spolverare ogni tanto gli anfratti del tempo e dare una lucidatina qua e là. Che succede in zona nel 1720?» dice lui ormai sconsolato.
Anni di studi e di pubblicazioni per farsi dare della colf. Ma come fa sua moglie a sopportarlo? Non lontano da qui, in Via Santa Radegonda, che come spesso accade a Milano conserva nella toponomastica la memoria degli edifici che furono, c'era un monastero benedettino dedicato alla Santa, oggi purtroppo scomparso. Teatro di una vicenda amorosa tra un'altra giovane monachella e un maturo anglosassone.
Una passione tormentata, ai limiti della pedofilia, per i parametri attuali, con tanto di fuga dal convento, inseguimenti, separazioni e, in questo caso, un bel lieto fine. Insomma un vero *feuilleton* che farebbe la gioia di qualche cineasta hollywoodiano, se solo ne venisse a conoscenza.

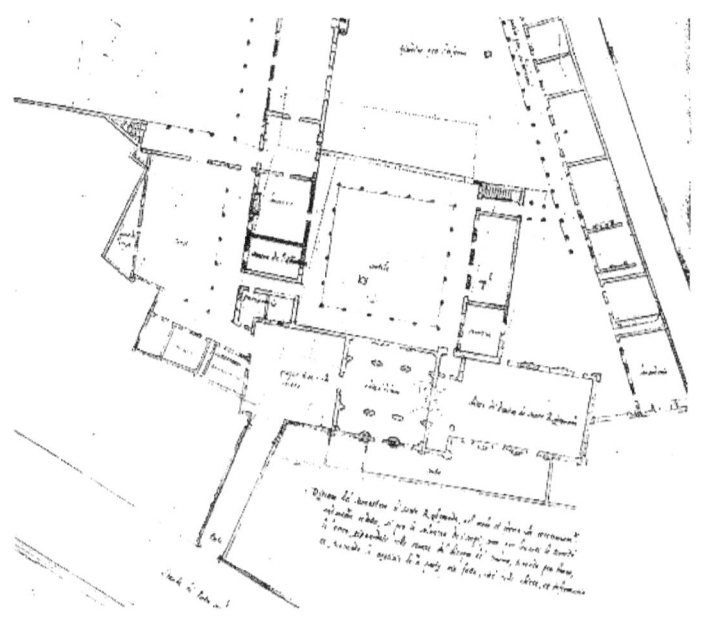

*Pianta del Monastero di Santa Radegonda. Sorto su un precedente complesso monastico dedicato a Santa Maria Wigelinda intorno al IV secolo, nel XII secolo cambia veste, ordine e nome e viene dedicato alla regina merovingia moglie di Clotario I. Sorgeva nella zona dove oggi c'è l'omonima via.*

Milano, 1720 circa. Una giovane di buona famiglia, la contessina Paola Pietra, varca di malavoglia la porta del convento. Ha tredici anni e come la povera Marianna, anch'essa è d'impiccio alla nuova vita matrimoniale del padre.
Passano gli anni e la ragazzina rivela doti canore

davvero fuori dal comune. Canta come un usignolo e fa ben sperare le consorelle, le quali ripongono grandi speranze nelle sue capacità. Presto la fama si sparge in tutta la città raggiungendo l'orecchio di uno scrittore inglese, sir John Breval, che incuriosito si reca al convento per verificare di persona.

Non sappiamo se per la bellezza del suo canto o per le forme acerbe della giovane ma l'uomo, benché più vecchio di vent'anni e con tanto di moglie e figli lasciati in Inghilterra, perde la testa e convince la suorina a scappare con lui.

La prima tappa è Venezia. Nella città degli innamorati trascorrono giorni di passione, inseguiti da Santa Romana Chiesa e dal governatore di Milano, decisi a riacciuffare la fuggitiva e a riportarla a più miti claustrali consigli, soffocando lo scandalo che potrebbe avere ripercussioni internazionali.

I due non si danno per vinti e decidono a tavolino la strategia: proseguire separatamente il viaggio. Lui per terra. Lei per mare. Destinazione: le bianche scogliere di Dover. Come nella Lolita di Nabokov i ruoli si confondono e non si capisce più chi seduce l'altro.

Paola s'imbarca per il lungo viaggio. Un mese di navigazione, a bordo di una nave mercantile priva dei confort del caso, inadatta al trasporto passeggeri, figuriamoci di una signorina senza alcuna esperienza del mondo. La navigazione si dimostra però una straordinaria palestra di vita e una magistrale scuola di sopravvivenza.

Passata indenne tra i marosi della Manica e sopravvissuta ad uno spettacolare assalto di un galeone pirata, la nostra intrepida suorina si trasforma in una donna. Forte e coraggiosa, che sa il fatto suo e che non ha più intenzione di farsi sottrarre la conquistata libertà. Tanto meno da un sedicente spasimante attempato e già maritato. E così al romantico appuntamento tra le ginestre della scogliera, il diplomatico si troverà solo.

## Luca. Verso Montenapoleone

E' giunto il momento di spostarsi. Imbocchiamo via Manzoni, la strada simbolo della vecchia borghesia milanese. Boutique, nelle quali è sconsigliabile entrare se non si è muniti di portafoglio adeguato. Antiquari, banche, caffè e, naturalmente, la storica libreria Feltrinelli. E' una delle strade meno abitate della città e alla sera sono ben poche le finestre che rimangono illuminate. Le facciate eleganti ed austere, più che appartamenti privati, nascondono studi notarili, società bisognose di un indirizzo prestigioso, dentisti, gioiellerie e showroom senza vetrine. Alle otto di sera, dunque, tutti a casa. Tra le strette vie limitrofe si può anche scovare qualche perla di un passato fatto di esseri umani e non solo di partecipazioni azionarie.
E' il caso della *Barbieria Colla* di via Gerolamo Morone, aperta dal 1904, come recita l'insegna, dove il rito del taglio di barba e baffi incredibilmente sopravvive ai Gillette usa e getta. A circa metà di via Manzoni c'è il prestigioso *Grand Hotel et de Milan* dove ha vissuto per molti anni Giuseppe Verdi.
Quando piccolino vi passavo davanti, mio nonno da bravo milanese fiero ed erudito mi raccontava dei fasti passati, di Caruso che qui avrebbe registrato il suo primo disco, o *monosolco* come si diceva un tempo, delle visite di Maria Callas e di D'Annunzio, ma soprattutto mai si scordava di ripetere il racconto dei "milanesi che sparsero paglia davanti all'albergo nel quale Verdi stava agonizzando, allo scopo di attutire i rumori delle

carrozze e dei cavalli e non disturbarne la dipartita".
Io, che forse ero un bimbo dai pensieri irrispettosi, immaginavo tutti i cittadini di Milano, adulti, vecchi, donne, bambini ognuno con una balla di fieno sulle spalle, che accorrevano in massa. Un casino indescrivibile. In ogni caso la Ferrari Scaglietti parcheggiata oggi davanti all'ingresso (che mi dicono appartenere a Francesco Totti) e le splendide ragazze con carrozzeria sovietica che escono dalla hall, denunciano un pubblico ben diverso, che il nonno forse non approverebbe.
«Sai come si chiamava questa strada prima di essere dedicata al Manzoni?» interviene Alessandra.
«Corsia del Giardino. Nell'Ottocento era la via più elegante e lussuosa della città. La prima ad essere pavimentata, per ordine di Napoleone. Qui passavano le carrozze prima di arrivare alla Scala, salotto non solo di Milano, ma di mezza Europa. Dietro queste facciate austere e calviniste, come dici tu, si nascondevano meravigliosi giardini ormai deturpati e talvolta cancellati dalla furia dagli avidi seminatori di cemento del dopoguerra. I più belli erano quelli di Palazzo Melzi d'Eril e Borromeo d'Adda, sorti uno di fronte all'altro a poca distanza di anni. Una gara di potenza in pieno stile meneghino, silenziosa e discreta, giocata, in verità, a suon di *danè*.
Il primo se n'è andato, insieme al suo giardino, sotto le bombe. Il secondo è arrivato fino a noi esattamente come lo vide Stendhal, entrato a Milano al seguito delle truppe napoleoniche. Impossibile visitarlo. Sbirciando dal portone ci si può, tuttavia, fare un'idea di come questa strada dovesse apparire fino alla metà del secolo scorso: una distesa di verde, senza soluzione di continuità».

# Alessandra. Amori sfortunati

Dopo continuiamo con la tua cronaca nera però qui c'è di che riflettere a proposito di passioni. Ti sembrerà impossibile, ma senti cosa scriveva Stendhal sui severi palazzi milanesi:

«Quel che più mi piace di Milano sono i cortili interni dei palazzi, vi trovo una folla di colonne e, per me, le colonne sono in architettura ciò che il canto è in musica».
«Detto da uno che si eccitava ad ogni piè sospinto, tanto da dare il suo nome alla sindrome dell'arrapato d'arte, non mi sembra così degno di nota» dice Psyco.
«In che senso, scusa?».
«Nel senso che il tuo amico non era proprio selettivo in fatto d'arte e gonnelle» dice Psyco nel tentativo, peraltro infruttuoso, di demolire la poetica dei luoghi.
«Beh, sulle donne non posso darti torto, questa storia, se la vuoi ascoltare, ne è la riprova, ma va anche detto che se non avesse avuto un temperamento romantico non ci avrebbe regalato tanti capolavori».
Arrivato in città, poco più che diciassettenne, durante il suo primo soggiorno meneghino, s'innamora di una tra le più belle ragazze in circolazione, Angela Pietragrua, figlia di un mercante di stoffe e moglie di un impiegato dell'Ufficio Pesi e Misure.
Gliel'ha presentata l'amico Joinville, che in quel momento ne gode i favori. E lui che è giovane, timido e squattrinato si accontenta di adorarla in silenzio. Un amore senza speranza che stende un velo di malinconia sul suo primo soggiorno milanese.

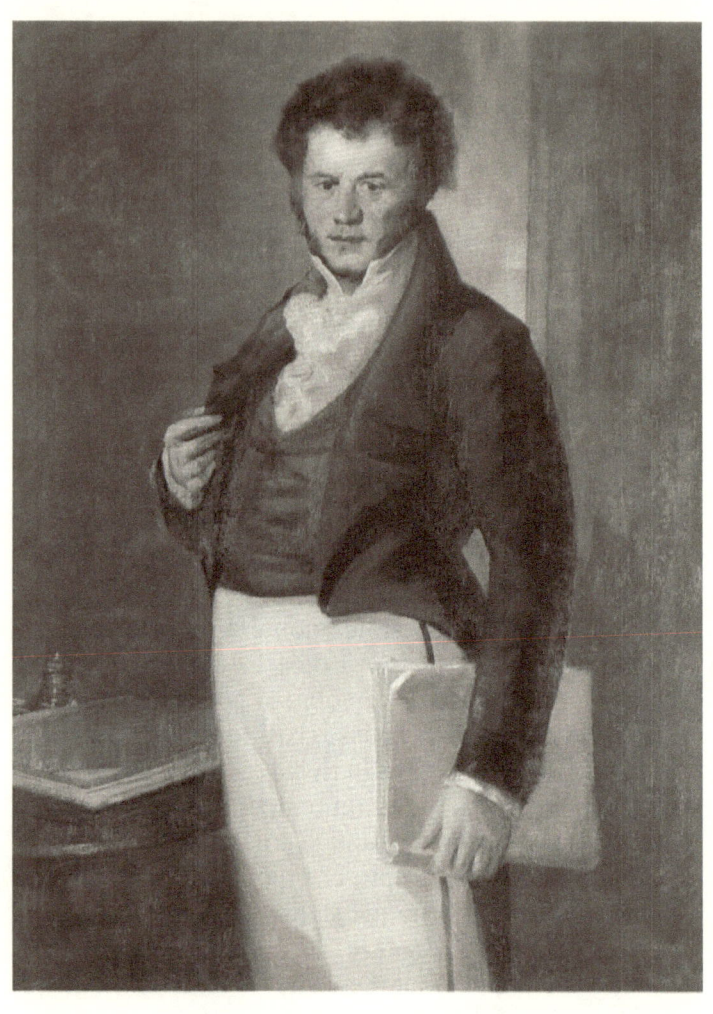

*C. Anselmi, Ritratto postumo di Stendhal, secolo XIX, Courtesy Società del giardino, Milano.*

Quando, nel settembre del 1811 ritorna finalmente in città, dopo un'assenza di più di dieci anni, il ricordo delle proprie pene ancora lo turba.

Dal canto suo, l'allegra signora Pietragrua, installata in una comoda magione nella contrada dei Meravigli, non ha certo trascorso questi lunghi anni d'assenza struggendosi per la sua mancanza. Di primo acchito, infatti, nemmeno lo riconosce. Troppo presa dal suo amante di turno, un nobile veneziano, riserva al povero Stendhal un'accoglienza a dir poco tiepida. Lui non demorde e dopo aver fatto anticamera per mesi, forse per sfinimento, la fa sua. In barba alla discrezione e al bon ton, annota la memorabile vittoria sulle sue bretelle! Le date sono discordanti, qualcuno dice fosse il 21 settembre 1811, altri il 12. Invertendo i fattori il risultato non cambia. Oltre alle visite ai monumenti, alle passeggiate sul Corso e alle serate alla Scala, al nostro scrittore non mancano nuove distrazioni: le gite nei dintorni della città, i piqueniques alla Cascina dei Pomi, le partite ai tarocchi e, quando proprio non ha altro da fare, la lettura della storia di Milano del Verri che trova *"interessante come un romanzo di Walter Scott"*. Potrebbe essere felice ma, come al solito, ha dei dispiaceri d'amore. Angela Pietragrua non si è dimostrata affatto entusiasta di vederlo prendere casa a Milano. I capricci, i cambiamenti d'umore e i tradimenti della volubile donna, a lungo andare, gettano Stendhal nella disperazione. Rispettando a pieno il copione romantico, si ammala e medita persino il suicidio. Per fortuna opta per una soluzione più saggia: abbandonare la Pietragrua al suo destino e cercare conforto nella lettura e nella scrittura.
Il lupo però perde il pelo ma non il vizio. Dietro l'angolo è in agguato un'altra storia impossibile. Sembra la sua specialità quella di invaghirsi e struggersi per donne che non lo ricambiano.

Nel 1818 incontra Mathilde Viscontini, che nei suoi scritti chiamerà sempre col più esotico nome Metilde. Ha già due bambini e vive separata dal marito, il generale polacco Jan Dembovsky, uomo violento e pericoloso. Per questa milanese, di una bellezza *"ch'era impossibile dimenticare avendola vista una sola volta"*, Stendhal nutrì i sentimenti più teneri e profondi di tutta la sua vita. Ma non riuscirà mai a sapere cosa ella provasse per lui, e l'incertezza ed il brusco avvicendarsi della speranza e dello sconforto, gli amareggeranno gli ultimi tre anni del soggiorno milanese.

Quando, nel 1820, lo scrittore ritorna a Grenoble, a causa della morte del padre, la donna tanto amata gli dà il colpo di grazia: senza tanti preamboli gli comunica che d'ora in poi lo riceverà nel suo salotto soltanto due volte al mese e che di rapporti più intimi non se ne parla più.

Ormai Cupido non è più l'unica causa dei suoi guai: ne ha degli altri, e grossi. Qualcuno che gli vuol male lo ha denunciato come spia al soldo del governo. Che, in periodi di congiure rivoluzionarie, non è mai una bella cosa. Per Stendhal è un colpo terribile e inatteso. Paradossalmente pure la polizia austriaca lo sospetta, e proprio per la sua dimestichezza con i liberali. Viene tenuto sotto stretta sorveglianza e le sue lettere sempre più spesso subiscono umilianti censure, costringendolo ad usare mille precauzioni e a firmare con pseudonimi sempre diversi. A poco a poco si rende conto che gli è impossibile restare a Milano.

*«Ho lasciato Milano. Diretto a Parigi il 13 giugno 1821, con 3500 franchi, ripromettendomi come unica felicità di bruciarmi le cervella non appena finita*

*questa somma. Lasciavo, dopo tre anni d'intimità, una donna che adoravo e che non si era mai data a me. A tanti anni di distanza non so ancora spiegarmi le ragioni della sua condotta.*
*Ella era stata disonorata; non aveva avuto che un solo amante, ma le signore della buona società milanese si vendicavano della sua superiorità. La povera Metilde non seppe mai né difendersi da questi nemici, né disprezzarli. Un giorno, forse, quando sarò molto vecchio e il mio cuore si sarà raffreddato, avrò il coraggio di parlare degli anni 1818, 1819, 1820, 1821.*
*Nel 1821, con gran fatica, ho resistito alla tentazione di bruciarmi le cervella. Credo sia stata la curiosità politica ad impedirmi di farla finita. Forse, senza che lo sospettassi, anche il timore di farmi male. Infine mi congedai da Metilde.*
*Quando ritornerete? Mi chiese.*
*Mai, spero.*
*Seguì un'ora di tergiversazioni e di vane parole, una sola avrebbe potuto cambiare la mia vita ma, ahimé!*
*Solo da poco quell'anima angelica nascosta in un corpo così bello se ne è andata da questa terra nel 1825. Finalmente partii, nello stato che si può ben immaginare.*
*Andai da Milano a Como, tentando ad ogni istante di ritornare indietro. Questa città in cui credevo di non poter restare senza morire, non potei lasciarla senza sentirmi strappare l'anima; mi sembrava di lasciarvi la vita, ma che dico? Cos'è la vita in confronto a Metilde? Ad ogni passo che facevo per allontanarmi da lei, morivo un poco.*
*Non respiravo che sospirando.*
*A Milano avevo preparato un'epigrafe, nel 1820, per*

*la mia tomba. Volevo una piccola lapide di marmo, della forma di una carta da gioco. Arrigo Beyle (il vero cognome di Stendhal), milanese, visse, scrisse, amò. Quest'anima adorava Cimarosa, Mozart e Shakespeare».*

«Eccitante come una copia di Novella 2000 trovata in cantina» mormora il mio compagno di viaggio.
Ignoro il senso della frase.

## Luca. Bandidos

Vediamo di fuggire in fretta da altre reminiscenze su Stendhal. E pensare che, in epoca romantica, lo apprezzavo e mi sono letto tutto di un fiato *Il rosso e il nero* e la *Certosa di Parma*.
«Tu hai avuto un periodo romantico? Questa si che è una notizia!».
«Non scaldarti troppo, avevo solo quindici anni».
«Ah ecco, mi pareva...».
Svoltiamo a destra e ci infiliamo in via Montenapoleone, indirizzo che campeggia su ogni shopping bag che si rispetti, a fianco della Fifth Avenue di New York, degli Champs Elysées di Parigi, di via Condotti a Roma e di Ginza a Tokyo. Le statistiche del costo a metro quadro dicono che il mito della via del lusso mantiene ancora un'ottima posizione, nonostante le numerose insegne di firme dozzinali che si potrebbero agevolmente trovare in qualsiasi ipermercato della Valassina.
Dal dopoguerra in poi questa striscia d'asfalto non ha mai perso, nemmeno in tempi di crisi, la sua blasonata centralità nel rito dell'acquisto. Più fedele di un bollettino della Federal Reserve, ha registrato ascese e cadute degli imperi economici mondiali.
Se negli anni cinquanta erano i ricchi americani a srotolare mazzette di dollari, presto affiancati dai *cùmenda* nostrani, la catena non si è mai interrotta cedendo di volta in volta il posto agli industriali tedeschi, ai petrolieri arabi, ai re della tecnologia giapponese per finire con i russi che oggigiorno dominano la scena insieme alla nuova aristocrazia internazionale fatta di attori, cantanti, tennisti e

calciatori.

«Posso dirti una cosa su Via Montenapoleone?» interrompe Alessandra.
«Cosa?»
«Prima di diventare l'asse del quadrilatero della moda più costoso d'Italia era niente di meno che... una distesa di conventi».
«Ancora? Ma sei fissata, non ci sarà un riflesso freudiano in questa tua passione per gli abiti talari?»
Cosa ci posso fare io se un tempo a Milano c'erano più conventi che case? Fatto sta che tra la vicina Brera e Via Sant'Andrea era tutto un pullulare di preti e monachelle che, come apine operose, coltivavano campi e collezionavano sapienza e spiritualità.
Poi è arrivata la pragmatica Maria Teresa, ha fatto piazza pulita degli abitanti dei chiostri sacri, e ha trasformato Brera nel quartier generale del pensiero illuminista.
Le vecchie aule dei gesuiti sono state trasformate in biblioteche, accademie del disegno e dell'arte, centri d'osservazione astronomica, con tanto di annesso orto botanico.
«Ok ringraziamo Maria Teresa, adesso però dimenticati dell'ottocento e concentrati su tempi più recenti se no perdo il filo del discorso» propongo ormai allo stremo delle forze.
Stavo dicendo che, dove c'è ricchezza ci sono anche i ladri. Non quelli ufficializzati dai cartellini dei prezzi, ma quelli resi celebri dai maghi del cric, che hanno spesso e volentieri preso di mira questa zona.
Prima che le dubbie fusioni societarie, l'aggiotaggio, la concussione e l'insider trading più sfacciato si diffondessero a macchia d'olio, quando ancora rubare

era una cosa abbastanza semplice e tutto sommato nobile, questo prestigioso palcoscenico appuntava le mostrine di generale ai più audaci e coraggiosi tra i professionisti del crimine.

Allora le tecniche di rapina consistevano per lo più nell'entrare in un luogo nel quale fossero custoditi dei beni, infilarsi il passamontagna ed intimare il classico «mani in alto, questa è una rapina!». Bastava essere convincenti e non impappinarsi come Woody Allen in *Prendi i soldi e scappa* ed il più era fatto.

Altri, con maggior vocazione tecnologica, mettevano a profitto le loro conoscenze tecnico-costruttive e dal sottosuolo o da un locale adiacente, praticavano un buco sufficiente a far passare uomini e refurtiva per tornare in fretta da dove erano venuti.

Negli anni cinquanta e nei primi sessanta, parallelamente all'aumento di pellicce e gioielli esposti in vetrina, si diffuse in città la pratica della *spaccata*. *Spacca*, a detta di alcuni.

Attività, inizialmente gretta, che si traduceva nel dare una mazzata alla vetrata, riempire la borsa con più merce possibile e darsela velocemente a gambe.

Maestro di martelli e mazzuole era il giovane Luciano Lutring, che solo più tardi entrerà nella Hall of Fame del crimine con l'appellativo del *Solista del mitra*, per l'abitudine di celare lo strumento di lavoro in una custodia di violino.

A volte l'impresa era più laboriosa. Bisognava divellere le griglie della saracinesca, agganciandola con catene ad auto di grossa cilindrata o ad un camion, e successivamente colpire con una fionda munita di sfere d'acciaio la vetrina del malcapitato. Il tutto senza svegliare l'intero quartiere e operando con ritmi da trapianto cardiaco.

In una lezione tenuta alla polizia da ottimi professionisti del settore, alcuni maestri della spaccata stabilirono il record di quattro minuti per entrare in un negozio, lasciarlo come un frigorifero quando la moglie è in vacanza e dileguarsi nel buio della notte meneghina.
Con l'entrata in commercio dei primi vetri blindati, fatti di più strati sovrapposti e di mescole più resistenti, la banda di Lutring inventò o importò dalla Francia (ovvio che i ladri tendano a rubarsi le idee a vicenda) il sistema dello scambio di calore. Arroventavano con una fiamma il cristallo per poi colpirlo con acqua gelata o ghiaccio. La rapida inversione termica ne provocava lo scoppio con conseguente accesso al ben di dio esposto.
Tutte queste frenetiche attività naturalmente erano notturne, il che spiega perché quella del furto con scasso è una vitaccia che contempla orari ribaltati.
Del bandito Luciano, guascone e romantico esponente di una malavita che odora ancora di whisky e nazionali senza filtro, di sale da biliardo e di night club, si narra una storia che stride un po' con la storiografia ufficiale, ma così bella che vale la pena tramandarla.
Nell'estate del '57 a Cesenatico, dove il nostro alterna il meritato riposo all'attività di topo d'albergo, s'intrufola nella stanza di un'attraente indossatrice italo-svizzera di nome Ivonne e mentre la donna è sotto la doccia, arraffa una valigia e fugge dalla finestra.
L'apertura dello scrigno si sarebbe rilevata una vera delusione: solo una gran quantità di mutandine e reggiseni, audaci guepiere e intriganti culotte. A ben vedere, però, qualche cosa di prezioso si poteva

trovare. In una tasca era custodita la foto della proprietaria di quella biancheria intima. Un gran pezzo di proprietaria, avrebbe detto Totò.
Dopo una notte insonne e ansimante, l'Arsenio Lupin della giarrettiera si decide dunque a tornare sul luogo del delitto, bussando gentilmente alla persiana della derubata. In bilico sul cornicione, con un mazzo di rose rosse in una mano e la valigia col maltolto, nell'altra. L'audacia del ladro gentiluomo sarebbe stata premiata da un bacio appassionato che si trasformerà presto in amore eterno. L'unica cosa certa di questa leggenda è che la bella Ivonne, nome d'arte di Elsa Candida Pasini, diventerà presto la signora Lutring e lo accompagnerà per tutta la vita, nella buona e nella cattiva sorte. Pendolare del furto e della rapina senza il morto, il poliedrico bandito con moglie al seguito, divenne presto il nemico pubblico numero uno sull'asse Parigi-Milano, passando di continuo il confine e riuscendo nell'impresa di far incazzare in un colpo solo le polizie di due Stati. Si capisce perché quando, il 15 aprile del 1964, il grande criminale italo-francese sbarcò nel salotto chic di Milano, più precisamente davanti alla gioielleria Colombo di via Montenapoleone 12, per una delle più famose rapine di tutti i tempi, il nome del Fred Buscaglione meneghino sia subito circolato negli uffici di via Fatebenefratelli, sede della Questura.
Mario Nardone, il gran visir della Squadra mobile, il segugio che per trent'anni ha diretto le attività di repressione del crimine sotto la Madonnina, per un attimo ci deve aver pensato.
Possibile che quel *"vite, vite"* udito da uno dei passanti, nascondesse la partecipazione del Lucianone alla spettacolare rapina?

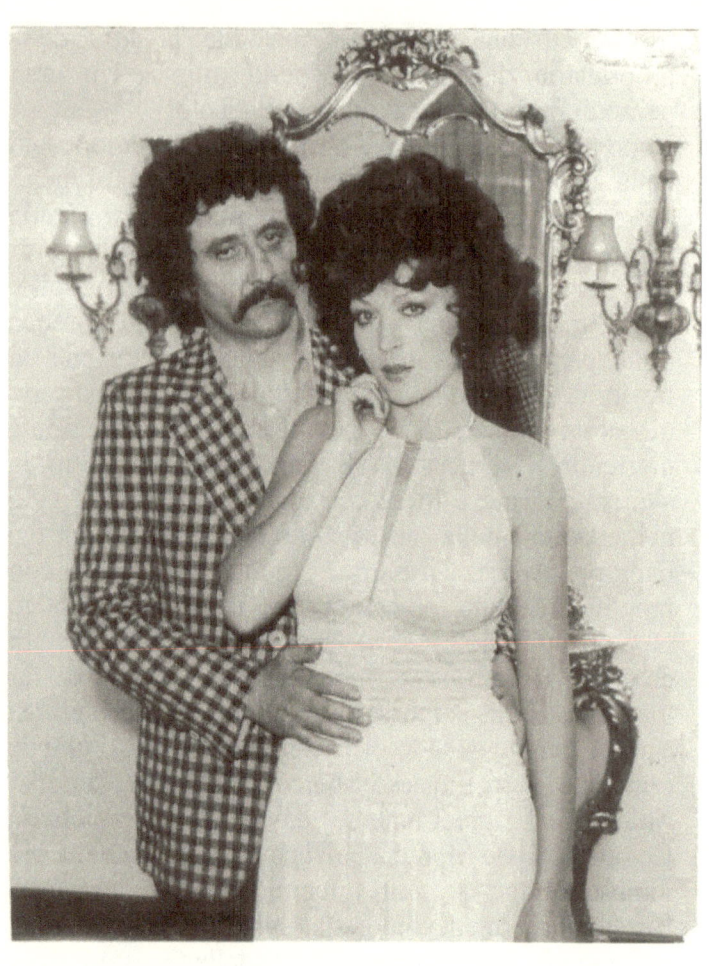

*Luciano Lutring con la moglie Ivonne.*

Che lo spaccone avesse fatto il salto di qualità e fosse riuscito in un'impresa così temeraria? No, qualche cosa non quadrava. Difficile che un cane sciolto diventi capo branco.

La tecnica della rapina, che qualche cronista in vena d'esagerazioni, indicò come quella "del secolo", non si addiceva alla malavita lombarda. Una vera azione di guerriglia condotta da professionisti disposti a tutto. Anche ad uccidere chi li avesse ostacolati.

Alle 16.30 in pieno shopping altolocato, in mezzo a dame con cagnolini in braccio e maggiordomi al seguito, due Giulia Alfa Romeo avevano inchiodato davanti al prestigioso indirizzo. Mentre tre banditi sparavano in aria con i loro mitra provocando il panico in tutta la via, altri tre complici entravano nella gioielleria facendosi consegnare l'intero inventario. Quasi trecento milioni di lire il valore del bottino.

Contemporaneamente, altri complici ponevano una vettura di traverso all'imbocco della strada per chiudere il passaggio ad eventuali inseguitori. Ora che la polizia fu in grado di intervenire, la banda composta da dieci uomini si era dileguata, lasciando sventagliate di mitra contro muri e vetrine e un comprensibile shock nella strada della moda. Una cosa del genere non si era mai vista. «*Milano come Chicago*» titolerà la Notte uscita in edizione straordinaria. Che peraltro utilizzava lo stesso titolo per ogni sparatoria. Ovviamente Milano aveva già vissuto rapine ed inseguimenti all'ultimo respiro, una tra tutte quella avvenuta nel 1958 in via Osoppo ad opera della banda di Ugo Ciappina, ma mai era stato violato il santuario del lusso con modalità così suggestive.

Ma l'elemento più curioso di questo fatto di cronaca è ancora una volta dettato dall'opinione pubblica. La città, forse meno ansiosa di quella attuale, rispose infatti con un curioso ribaltamento umorale.

Dopo pochi giorni s'insinuò nella popolazione una certa ammirazione per un'azione tanto temeraria. In fondo nessuno si era fatto male e poi le assicurazioni contro il furto serviranno bene a qualche cosa.
Su questo atteggiamento fece luce lo scrittore Dino Buzzati, gran conoscitore e narratore della cronaca nera milanese, che sul Corriere della Sera raccolse inaspettati pareri e li pubblicò incurante del perbenismo di facciata che avrebbe preferito una discreta censura.
Scrive, con irraggiungibile sarcasmo, il 25 aprile 1964:

> *«Per me è stata una signora rapina e quelli lì sono dei tipi in gambissima» ho sentito dire al ragazzetto del guardaroba in un ristorante di seconda categoria. «Dopo tutto quei milioni se li sono guadagnati».*
>
> *Un altro, sagoma d'impiegato sui trenta, ha così sentenziato in mia presenza: «Io li invidio. Nel giro di due, tre minuti si sono sistemati. Due, tre minuti, invece di faticare una vita».*
>
> *Un terzo si è spinto ancora più in là: «Non mi vergogno, quei gangsters mi piacciono. Un senso di rispetto, ecco cosa provo. Bravura professionale e serietà. Mi cavo tanto di cappello E sa cosa le dico? Uomini di questa fatta ci vorrebbero al governo. Lei non crede che nel giro di pochi mesi aggiusterebbero tutti i nostri guai?»*

*E poi ci sono i romantici, specialmente donne, per i quali i grassatori di via Montenapoleone rappresentano una specie di eroi da romanzo a puntate. Rocambole e Arsenio Lupin.*
*Pallidi e misteriosi avventurieri delle grandi città, dagli occhi magnetici e dalla grinta di ferro, temerari e inafferrabili, li si poteva ritenere una gratuita invenzione di romanzieri d'appendice.*
*E invece, eccoli, in carne ed ossa nel cuore più chic di Milano. Che consolante sorpresa.*
*E' ancora lecito, dunque, credere nell'esistenza di questi Passatori degli asfalti, artisti di una vita sfrenata e palpitante, tra grandi alberghi, nights, case da gioco, travolgenti e peccaminose donnine innamorate. Non solo. Milano che come ambiente di film gialli aveva sempre fatto ridere, veniva promossa autorevolmente all'invidiato rango delle grandi metropoli della malavita».*

Non so se Buzzati, con la sua proverbiale ironia e il suo gusto per il paradosso, abbia calcato la mano, ma so che se qualcuno oggi si azzardasse a scrivere qualche cosa di simile con tutta probabilità finirebbe indagato per apologia di reato, stimolerebbe un'inchiesta parlamentare e verrebbe aggredito in tv dal conduttore di turno.

In ogni caso i banditi di via Montenapoleone non si godranno a lungo il bottino. L'inchiesta della polizia partì da quelle poche sillabe pronunciate in francese. Escluso Lutring, chi erano gli altri professionisti del crimine che si muovevano tra i due paesi, capaci di organizzare una banda di tali dimensioni?
Negli archivi saltò fuori un'informativa proveniente da Marsiglia nella quale la Gendarmerie avvertiva i colleghi italiani dell'evasione dal carcere di Melun, una località vicino a Parigi, di un italo francese, tale Albert Bergamelli, insieme ad alcuni complici, giudicati pericolosissimi criminali con simpatie per l'estrema destra francese nonché sospettati per numerose rapine e attentati ufficialmente volti a finanziare la causa della guerra algerina.
Tecnica paramilitare, armi d'ultima generazione, grinta, audacia... sì, poteva trattarsi della banda dei Marsigliesi.
In pochi giorni, grazie alle soffiate provenienti dal mondo della malavita milanese, che ha mal digerito la rumorosa invasione di campo, viene individuato il basista, tale Carlo Orsini, che si proclamerà informato ma estraneo ai fatti. Da lui sarà facile risalire a tutti gli altri compari, ma del bottino non verranno recuperati che pochi spiccioli.
Bergamelli fuggirà, due anni dopo, dal soggiorno obbligato in provincia di Modena e grazie alla notorietà acquisita, inizierà una brillante carriera da omicida, sequestratore e spacciatore che lo porterà ad incrociare la sua esistenza con l'eversione neofascista, con la banda della Magliana e con esponenti della Nuova Camorra Organizzata di Don Raffaele Cutolo.
La corsa s'interromperà il 31 agosto del 1982, nel

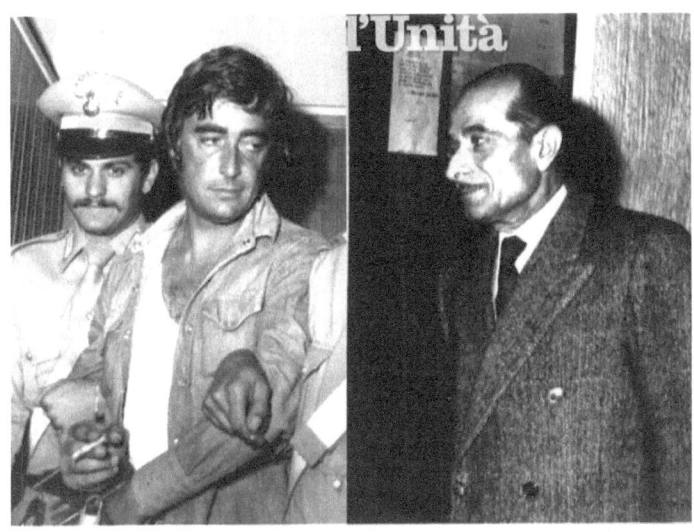

*L'arresto di Albert Bergamelli e il commissario Mario Nardone*

carcere di massima sicurezza di Marina del Tronto nel quale dovrebbe scontare l'ergastolo, allorché viene sgozzato da Paolo Dongo, un criminale comune folgorato all'interno delle mura carcerarie dal mito della stella a cinque punte del brigatismo rosso.

Finti vigili urbani con tanto d'auto regolamentare rubata in un deposito, tuniche da facoltosi sceicchi che celano veri re della truffa, sosia di calciatori che sfruttano abilmente gli affetti sportivi dei negozianti, pseudo agenti del fisco che terrorizzano con pistole anziché con carte bollate, maestri nella clonazione di carte di credito, ipnotizzatori, venditori in difficoltà che si fanno rapinare dal parente in passamontagna salvo poi essere scoperti dai detective assicurativi, si è visto proprio di tutto nel quadrilatero della moda.

Se rapine e furti con destrezza conferiscono, a coloro che scelgono questa zona come teatro delle loro imprese, i galloni di generali dell'appropriazione indebita, spesso la città dimostra una certa benevolenza verso chi tra loro ha più ingegno e tenacia.

Restando in via Montenapoleone, il 24 ottobre 2008, un ladruncolo ha preso di mira un'altra gioielleria, con modalità se non altro fantasiose. Prima che il negozio aprisse si è presentato attrezzato da perfetto lavavetri con tuta d'ordinanza, scala, secchio e tergivetro. Ha lucidato con buona lena la vetrina, approfittando dell'occasione per svitare, tra una passata e l'altra, le viti di supporto del pesante cristallo. In un battibaleno l'ha poi spostato impossessandosi dei gioielli esposti. Il bottino è stato esiguo giacché a quell'ora i pezzi forti sono ancora custoditi in cassaforte, ma la rapidità dell'azione ha talmente ben impressionato i proprietari da farli desistere dalla denuncia in omaggio a quello che hanno definito "un capolavoro di furto".

# Alessandra. Il piccolo Louvre

Ladri, banditi e furti nella zona limitrofa al quartiere di Brera. Come posso evitare di pensare alle grandi ricchezze contenute nella Pinacoteca, mai abbastanza visitata dai milanesi, ma fortunatamente ben apprezzata da chi viene da fuori città?
La sistemazione del quartiere laico e illuminato si deve a Maria Teresa d'Austria, la quale nel tentativo di fare della città lombarda un centro della cultura mitteleuropea non badò a spese.
Nel cassetto, la spumeggiante imperatrice aveva anche un progetto per fondare il primo nucleo di quella che oggi è la Pinacoteca. Liberté, egalité e fraternité le romperanno le uova nel paniere. Infatti alla pinacoteca dovrà pensarci successivamente Napoleone, affidando il restyling dell'austero complesso all'artista di grido del momento, l'Appiani, pittore milanese che aveva avuto l'onore e l'onere di eseguire il suo primo ritratto "italiano". Parola d'ordine è trasformare Brera in un Louvre in versione mignon, da riempire con le opere confiscate in tutto il regno Cisalpino.
Il disegno è, come al solito, piuttosto faraonico. Quasi subito, però, imperatore e architetto si accorgono che lo spazio non basta. Soluzione? Occupare gli spazi dell'antica Chiesa degli Umiliati, annessa al convento. L'altezza delle navate era tale da permettere la comoda creazione di un piano aggiuntivo.
Anche allora in fatto di sfruttamento delle cubature non ci andavano tanto per il sottile.

Dalla suddivisione viene ricavato un piano terra, dove sistemare le sculture del Museo delle Antichità Lombarde, ed un piano superiore con ben quattro sale comunicanti, ancora oggi dette Napoleoniche, da destinare alla nuova Pinacoteca.

In quella stessa occasione venne collocata, al centro del cortile, la statua bronzea di Napoleone in veste di *Marte Pacificatore*, fusa tra il 1811 e il 1812 su modello realizzato da Antonio Canova. E' lo stesso Napoleone ad inaugurare, tra squilli di tromba ed applausi della popolazione festante, le prime sale proprio nel giorno del suo genetliaco, il 15 agosto 1809.

Aveva quarant'anni il nostro re d'Italia.

Tra i centotrentanove dipinti presenti all'appello ci sono già *Lo Sposalizio della Vergine* di Raffaello, la *Madonna* del Bellini, i teleri del Carpaccio e il *San Gerolamo* di Tiziano. Dopo soli quattro anni le opere passano ad ottocentonovantanove. Un numero che crescerà a dismisura grazie alla corsa dei mecenati. Concorrenti: cardinali, aristocratici e sovrani di turno.

Nel 1824 fa il suo ingresso trionfale il *Cristo morto* del Mantegna, grazie a Bossi, Giuseppe Bossi, che non c'entra nulla con Umberto e nemmeno con i suoi avi, l'allora direttore dell'Accademia che in questa veste, dopo estenuanti trattative, fa acquistare la preziosa opera ben consigliato da Canova.

Nel 1813, Appiani esce paralizzato da un ictus che gli risparmia le afflizioni della Restaurazione. Morirà nella sua casa di corso Monforte quattro anni dopo, mentre l'imperiale committente si sta rassegnando all'angosciosa deriva di Sant'Elena. Perfettamente consapevole che la sua idea di collezionismo di Stato gli avrebbe garantito l'ammirazione dei posteri.

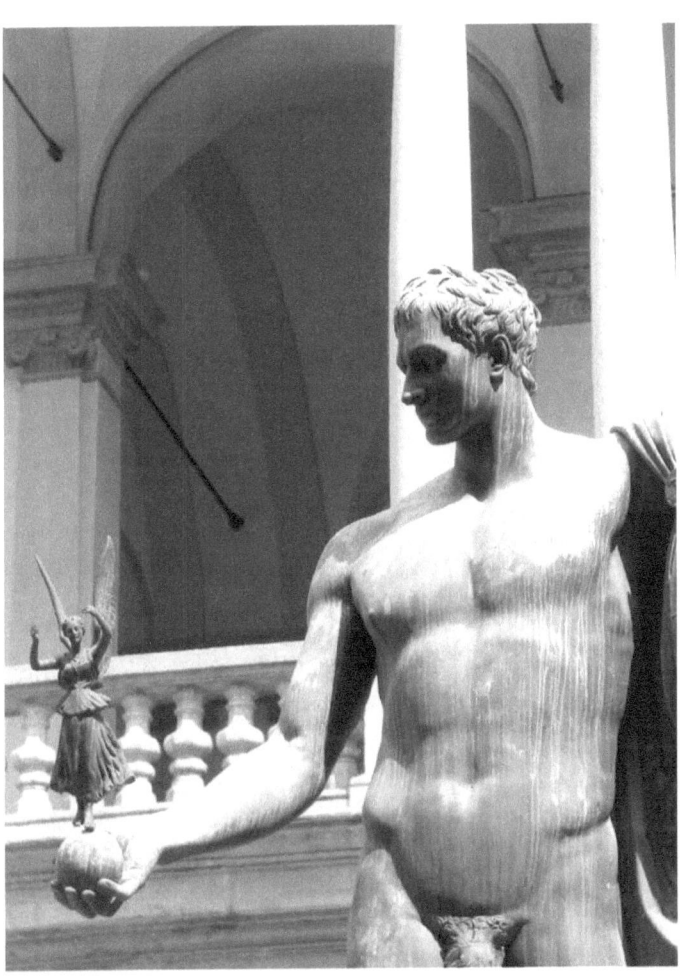

*Particolare della statua che ritrae Napoleone come Marte pacificatore, collocata al centro del cortile della Pinacoteca di Brera. In realtà si tratta di una copia realizzata dall'originale di Antonio Canova. L'originale, in marmo, risale al 1806, e oggi si trova a Londra in Apsley House.*

Milano, grazie a questo fortunato periodo storico, diventa un polo della cultura europea e ancora adesso ne gode i frutti in termini di bellezza, prestigio e vivibilità. Già, perché anche se a volte ce ne dimentichiamo, vivere bene in una città significa anche ristorare i sensi con quanto ci è stato offerto dai nostri predecessori.

# Luca. Troppo bionda

Non riusciamo a spostarci dalla zona. Mentre la mia compagna di viaggio mi porta in una Milano che, ahimè, non c'è più, ma della quale restano significative tracce ed emozionanti riscontri, continuo a vagare con la mente tra i personaggi che hanno animato il quartiere. La nostra passeggiata inizia a dare frutti. Alessandra, con i suoi racconti, riporta in vita muri e mattoni che ci circondano; io, se solo fossi un po' meno distratto da tutte le fanciulle che in un precoce risveglio di primavera mi girano attorno, vorrei dare casa a chi ha animato la cronaca della città. Alla fine non ci si annoia.
Di Maria Teresa Piva, la dark lady di Montenapoleone, si ricordano in molti. Basta andare nella piccola galleria che unisce la celebrata strada con via Bagutta dove, fino al 1994, gestiva una boutique, parlare con i negozianti più anziani e farsi mostrare le finestre del superattico milionario nel quale divideva la ricca esistenza col fido barboncino bianco.

Inevitabilmente scuoteranno la testa perplessi per quella donna "troppo bionda". Categoria dello spirito prima che effetto di ardite ossigenazioni pilifere.
Ancora oggi i vicini la celebrano con paragoni estetici datati, annodando la sua memoria alla cultura pop degli anni '90. Vistosa come Brigitte Nielsen, dicono, rifatta e liftata come Pamela Anderson, la sexy bagnina di Baywatch, che all'epoca spopolava nei pomeriggi televisivi.
Un'ex bellezza sfiorita e mai rassegnata al passare

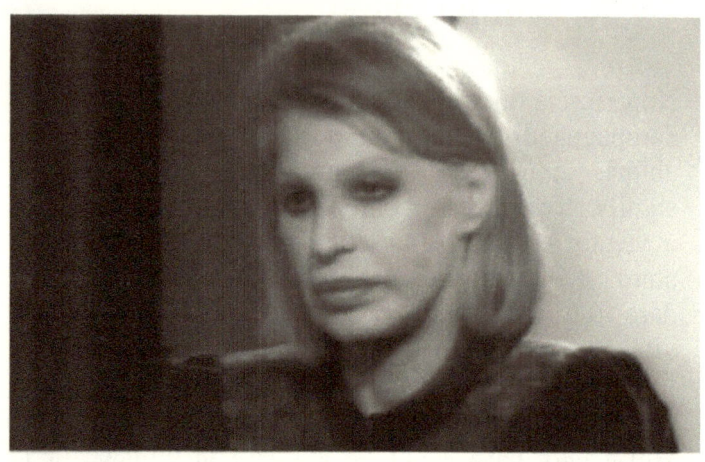
*Maria Teresa Piva.*

degli anni, infilatasi in una vicenda che parte a trecento chilometri dal paesello della moda.
Il 28 marzo del 1994 il settantunenne Guido Sermenghi, miliardario dalla fortuna un po' sospetta, nonché marito della cinquantasettenne Maria Teresa Piva, esce a bordo di una Citroen dalla sua immensa villa di Mentone, in Costa Azzurra. Dopo pochi metri viene affiancato da una Suzuki di grossa cilindrata con a bordo due uomini con il volto coperto da caschi integrali. In un attimo compare una 44 Magnum, sì, proprio quella dell'ispettore Callaghan. Partono quattro colpi di pistola in direzione dell'auto. Due proiettili attraversano inutilmente l'abitacolo, uno colpisce il cofano, mentre il quarto rimbalza sul deflettore dell'auto per terminare la sua corsa contro il cuore di un inconsapevole passante, Christian Ballestra, idraulico monegasco.

Morto all'istante senza capire il perché. Un miracolo della balistica ed un'innegabile riprova della caducità della vita.

Il settantunenne si controlla con comprensibile ansia. Nulla, solo qualche graffio dovuto alle schegge di vetro.
Le indagini incespicano nella complessa esistenza della vittima mancata. Sermenghi ha, infatti, più di un motivo per essersi fatto dei nemici.

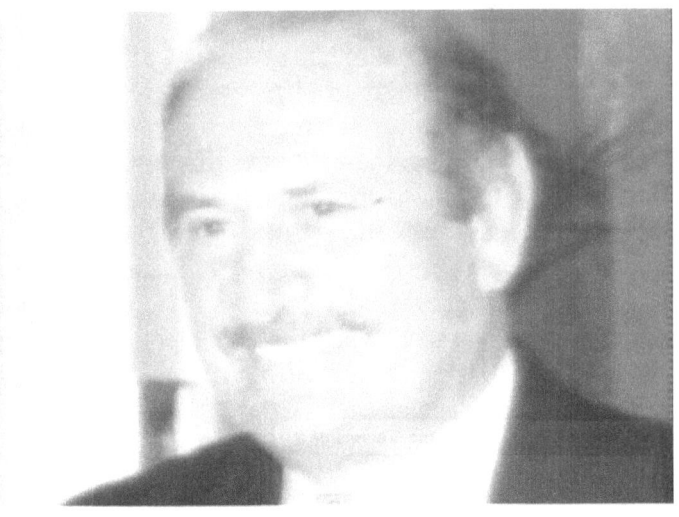

*Guido Sermenghi.*

Il suo patrimonio, valutato in circa 200 miliardi delle vecchie e care lire, che comprende un campo da golf, una villa a Capri, vari appartamenti sparsi nella Penisola, opere di Tiziano, Picasso e De Chirico, auto di lusso e purosangue, ha una provenienza incerta e

assai chiacchierata. Nato a Como, si è prima dedicato all'attività immobiliare, per poi sbarcare a Napoli e costituire una società di security che riesce ad ottenere l'appalto per vegliare sui traffici dell'intero porto della città campana. Se la vita pubblica è movimentata quella privata è ancora più stimolante.
La grande passione, alla quale dedica tempo, denaro ed energie, incurante degli anni che passano, sono le belle e giovani donne che colleziona senza dare troppa importanza allo stato civile.
Le ipotesi di una vendetta lavorativa, di uno sgarro al personaggio sbagliato, di collusioni con la malavita campana viaggiano di pari passo con quelle del delitto passionale messo in atto da qualche marito geloso, creando un bel ginepraio di piste da seguire.
Per dirla in breve, il brizzolato playboy che azzannava la sua vorace esistenza rimbalzando tra la piazzetta di Capri, le vie della moda milanese ed i prestigiosi ristoranti della Côte d'Azur, aveva più nemici che capelli.
Mentre il marito corre, Maria Teresa Piva resta ferma. Confinata nel lusso di via Montenapoleone, libera di spendere e di frequentare i più rinomati chirurghi estetici, ma accantonata dal Sermenghi per sopraggiunti limiti d'età. E comprensibilmente rancorosa.
Il bandolo della matassa lo sbroglia l'ispettore della squadra mobile Alessandro Battista.
Supponendo che gli autori dell'agguato abbiano tenuto sotto controllo la vittima predestinata, mediante il classico sistema delle telefonate "mute", il poliziotto fa un accurato controllo dei tabulati. Tra i click ricevuti nella villa da Guido Sermenghi, spiccano alcune chiamate partite dal cellulare di un

certo Antonio Filippone.
Nella rete di onde elettromagnetiche si dipana anche la trama del mistero di Mentone.
Se Filippone quando compone il numero di casa Sermenghi non proferisce verbo è invece molto ciarliero con altri soggetti. Tra questi ci sono alcuni personaggi legati alla 'ndrangheta calabrese. Ma la svolta al caso giunge da un altro contatto telefonico. Il più inaspettato. L'uomo parla spesso con Katia Re, avvocatessa quarantasettenne, amica intima di Maria Teresa Piva.
Un curioso caso del destino o la pistola fumante di ogni giallo che si rispetti?
In un sopralluogo nel suo studio la polizia trova un piano dettagliato del tentativo d'omicidio con allegate le cifre da destinarsi ai vari complici.
Durante un interrogatorio, schiacciato dalle prove, Antonio Filippone fa mettere a verbale: «E' stata Katia Re a mettersi in contatto con me. Aveva bisogno che qualcuno spaventasse il marito di una cliente. Ho girato la richiesta a persone che conoscevo, che mi hanno chiesto 40 milioni».
La tesi difensiva è dunque questa. Non fu un tentato omicidio, ma un atto d'intimidazione finito male per pura disgrazia.
I giudici di Corte d'Assise si dimostreranno poco convinti, condannando l'ex bella di Montenapoleone, l'intraprendente avvocatessa e l'esecutore materiale all'ergastolo.
Cala così il sipario sulla *sciùretta* milanese, icona dell'apparenza e della superficialità, splendidamente rappresentativa di un modello estetico ed esistenziale altamente diffuso in quegli anni. Una storia che, vedremo presto, ha lasciato il segno.

## Alessandra. Monasteri a cinque stelle e altre amenità

Sono ore che consumiamo fiato e suole tra crimini e misfatti dei quartieri alti. Mi sento come John Watson, l'inseparabile compagno di Sherlock Holmes, eternamente seconda, anche se indispensabile. Lo sapevo che sarebbe stato difficile stargli dietro. Ma non così tanto. Lui è già pronto ad imboccare nuove strade e dissotterrare vecchi cadaveri. Io non ho nemmeno iniziato a raccontare tutte le meraviglie nascoste di questo quadrilatero.
O parlo adesso o taccio per sempre.
«Aspetta un secondo» dico con tono sommesso «devo farti vedere una cosa che ho scoperto qualche giorno fa».
«Ok, ma basta con le suore».
«Beh, veramente» - balbetto - «si tratterebbe del Four Season, sai quell'albergo super lussuoso che c'è in via Gesù? Ecco, ho scoperto che nel XV secolo…».
«Ci avrei giurato… possibile che per te tutto si fermi prima del XIX secolo? Sentiamo questa sensazionale scoperta».
«Beh, veramente questa storia inizia nel 1987».
«Ah, che sollievo…»
«…con l'avvio dei lavori di ristrutturazione e trasformazione in albergo di Palazzo d'Adda, a due passi da qui, in via Gesù 2» spiego.
«Questo è interessante perché, guarda il caso, proprio in via Gesù 2 nel 1958 aveva il suo ufficio Giovanni Fenaroli, il *cùmenda* accusato di essere il mandante dell'omicidio della moglie, tale Maria Martirano,

trovata morta stecchita nel suo appartamento romano di via dei Monaci. Si tratta di uno dei delitti simbolo degli anni '50, nonché, a parer mio, di uno dei massimi scempi giudiziari del dopoguerra» interviene Psyco. Quando si dice, darsi la zappa sui piedi. Psyco è la Treccani del delitto, il Meneghetti del gruppo sanguigno, il Bolaffi del dna, se gli dai una mano ti prende il braccio e con tutta probabilità lo porta da un anatomopatologo.

Dicevo: nel 1987 la Four Season Hotel & Resorts rileva questo immenso complesso in avanzato stato di degrado, per farne uno dei più lussuosi ed esclusivi alberghi della città. Sennonché, mentre scalpelli e martelli pneumatici si apprestano alle prime demolizioni delle strutture fatiscenti, ecco riemergere una colonna che ha tutta l'aria di non essere solitaria.

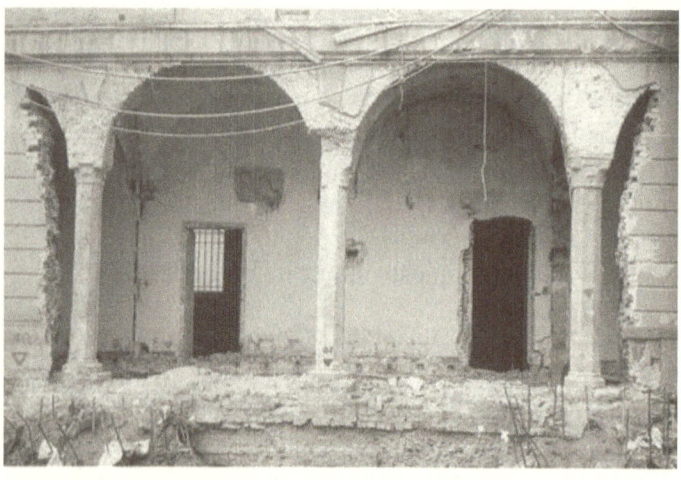

*Il Chiostro del Four Season durante i lavori di ristrutturazione, tra i muri abbattuti riemergono le prime tre colonne.*

In breve tempo viene riportato alla luce un imponente chiostro rinascimentale. Se n'era persa ogni traccia da quando, nel 1782, alle claustrali suore del convento di Santa Chiara, falciato come tanti altri dalla solita Maria Teresa, erano subentrati i marchesi d'Adda, che con un esercito di carpentieri e decoratori avevano trasformato i colonnati in lunghi corridoi e l'intero monastero cinquecentesco in una sontuosa, seppur severa, residenza *à la page*.

Con una lungimiranza e un rispetto per l'antico, dei quali sono personalmente gratissima, il colosso alberghiero sconvolge dunque i propri piani e opta per una ristrutturazione conservativa.

Ma le sorprese non sono ancora finite, man mano che i lavori avanzano, vengono alla luce nuovi tesori architettonici tra i quali i resti della chiesa annessa al convento, che si trovava dove oggi c'è la hall dell'albergo.

Frammenti d'affreschi, restaurati con cura, oggi accolgono i fortunati ospiti appena varcano la soglia. Ce n'è persino uno, *L'incoronazione di spine,* che sembra ispirato a quello più noto di Tiziano. Certo, non è proprio ciò che potremmo definire un capolavoro, ma fa comunque la sua discreta figura.

Ad ogni buon conto, tra un'*Orazione nell'orto* e una *Maria Maddalena nella grotta*, chi sceglie di adagiare i ricchi lombi da queste parti ha di certo il silenzio assicurato.

Oggi come allora, infatti, sono i canti degli uccellini a svegliarti la mattina. È tutto un cinguettare e un fruscio di foglie, soprattutto nella bella stagione, quando il chiostro diventa un rigoglioso giardino, segretissimo, come tutti quelli milanesi.

«A questo proposito, ho finalmente scoperto come

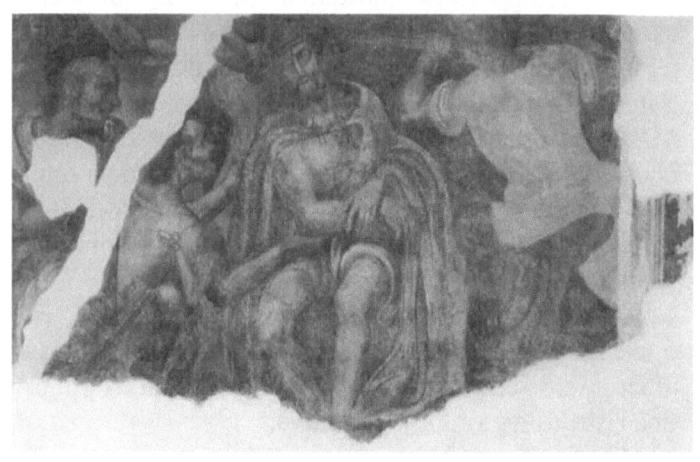

*Autore anonimo, Incoronazione di spine, affresco, XVI-XVII secolo. Copia ispirata all'opera omonima di Tiziano, un tempo conservata nella Basilica delle Grazie a Milano. Entrata a far parte del bottino di guerra di Napoleone, oggi è conservata al Louvre.*

mai a Milano il verde privato è assolutamente invisibile, anche se supera di gran lunga quello pubblico, butto lì discretamente, ben sapendo che Psyco oltre che per gli omicidi, ha un debole per i parchi, che, se fosse per lui, sarebbero l'unico intervento accettabile da parte del Comune».
«Veramente? Il verde privato a Milano è più vasto di quello pubblico? Lo dici per sentito dire o ne sei sicura?» domanda incuriosito.
«Assolutamente sicura. E come ogni cosa, anche questa ha la sua spiegazione storica.
La faccenda è questa ed è assai curiosa: quando nel XVI secolo arrivano gli spagnoli di Carlo V, inizia

per Milano un periodo durissimo. Da Ducato qual era viene immediatamente declassata a semplice e anonima provincia di un regno sul quale, a detta del suo stesso imperatore, non tramontava mai il sole. Diventa quindi un puntino insignificante nella geografia politica.
Come colonia è gestita da un viceré, che risponde direttamente al potere centrale di Madrid e che si prodigherà per spogliare la città umiliandola in più occasioni.
Tra i mille problemi che strangolano chi vive dentro le mura spagnole, oltre alle carestie causate dalla fuga dei contadini che, spaventati dai saccheggi e dalle violenze delle truppe occupanti, abbandonano i campi per ingrossare le fila dei questuanti cittadini, c'è l'inattività di commercianti ed ex grossisti che preferiscono comprare e vendere case piuttosto che lavorare, con conseguenti aumenti dei beni di prima necessità e assalti ai forni di manzoniana memoria. Ma sopra ogni difficoltà si erge il vero incubo dei cittadini: le tasse. Per il nuovo governatore tutto poteva essere tassato. Nulla di nuovo sotto il sole, se si pensa all'aria che tira oggi. Tra l'imposta sulla famiglia, quella sugli immobili e sui redditi, quella sui generi di consumo basilari, come farina, sale, legna da ardere, balzelli e donativi di vario ordine e natura, ne salta fuori una anche sul verde privato, compreso all'interno dei nuovissimi bastioni. E quel che è peggio, questa volta si va a colpire coloro che posseggono i parchi, ovvero i nobili. Fatta la legge, trovato l'inganno. Così, dalla sera alla mattina, vengono fatti erigere alti muri di cinta con l'unico scopo di celare, all'occhio rapace degli esattori, quelli che fino ad un attimo prima erano i sontuosi parchi

che si estendevano per tutti i quartieri, senza soluzione di continuità.
Hai capito come mai i giardini ci sono ma non si vedono?»

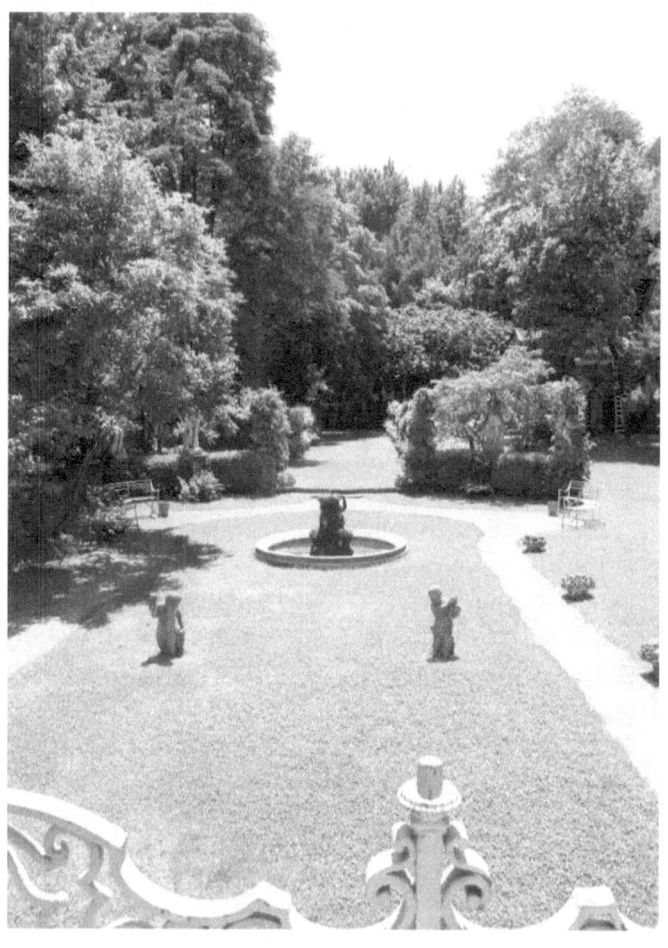

*Particolare giardino della casa degli Atellani, visto dalla scalinata d'accesso, uno dei tanti meravigliosi giardini incastonati nella città.*

## Luca. Odore di pirite e profumo di soldi

Una volta usciti dal quadrilatero della moda, attraversiamo via Senato, percorriamo via Marina e sbuchiamo davanti ad uno degli ingressi del Central park cittadino, ovvero i giardini pubblici o giardini di via Palestro, o giardini Indro Montanelli, o qualsiasi cosa giacché un nome vero e proprio non ce l'hanno.

Siamo a fianco del Pac, il padiglione d'arte contemporanea, ubicato nella splendida Villa Comunale, anch'essa destinata a confondere i turisti per le molteplici variazioni di proprietà che ne hanno segnato il passato (Villa Reale di Milano, Villa Belgioioso, Villa Belgioioso Bonaparte).

Qui, in una sera d'estate del 1993, il 27 luglio poco dopo le 23, i passanti notarono che dal portabagagli di una Fiat Uno grigia parcheggiata usciva un filo di fumo.

Ai vigili urbani e ai pompieri intervenuti restava l'ingrato compito di verificare la natura di ciò che appariva un banale principio d'incendio.

Muniti di piede di porco aprono il portello posteriore accorgendosi subito di un voluminoso pacco chiuso con del nastro adesivo. È un ordigno esplosivo. Nemmeno il tempo di scansarsi e avviene l'esplosione.

La bomba uccide Alessandro Ferrari, 30 anni, vigile urbano, e tre vigili del fuoco: Stefano Picerno, Sergio Pasotto e Carlo La Catena. Un marocchino senza dimora, Driss Moussafir, che dorme indifferente a tutta la confusione creatasi nella via, viene investito dallo spostamento d'aria e muore sul colpo. Tra i passanti si conteranno una dozzina di feriti.

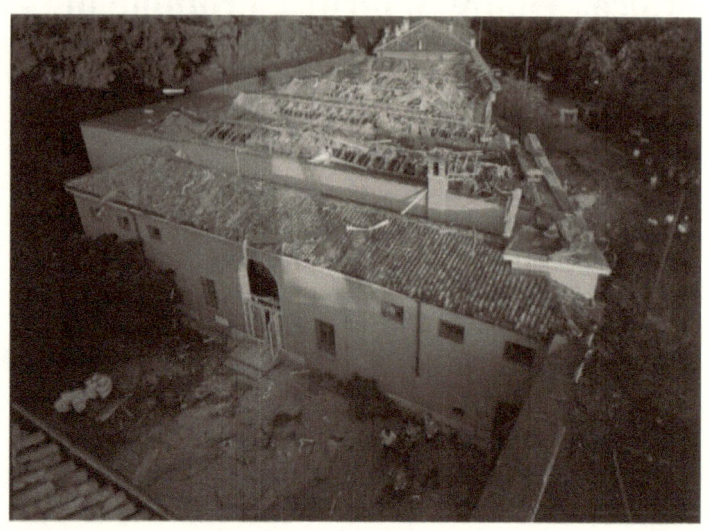

*I danni dell'esplosione*

Lo scenario è impressionante. L'esplosione ha fatto saltare in aria il distributore di benzina posto davanti alla villa, ha raggiunto gli alberi del parco, ha disintegrato i vetri delle abitazioni in un raggio di 400 metri e ha lanciato i tombini come frisbee impazziti a centinaia di metri di distanza raggiungendo la condotta del gas. Alte fiamme si levano nella notte tra sirene e imprecazioni.
Milano ha una certa dimestichezza col tritolo e la pirite. La sua storia ha spesso intrecciato quella della strategia della tensione cavalcata o diretta da varie forze più o meno occulte nel tentativo di destabilizzare gli equilibri, di spaventare i cittadini, di forzare la mano, di imprimere col sangue una svolta ai destini nazionali.

Gli attentati dinamitardi hanno intriso la politica riuscendo spesso nell'intento di fomentare la richiesta del "solito" uomo forte, seduzione alla quale evidentemente noi italiani non sappiamo resistere. La lista è piuttosto lunga.

Nel lontano 23 marzo 1921, in via Mascagni presso il teatro Diana, una bomba provoca ventun morti tra orchestrali, pubblico e ignari abitanti dell'hotel sovrastante al salone centrale del teatro.

La matrice fu attribuita ad un gruppo di giovani anarchici che avrebbero voluto colpire il questore Giovanni Gasti, ritenuto un pericolo per le sorti del movimento fondato da Bakunin. Se poi questo sia vero o no, se la mano assassina sia stata armata solo dagli ideali libertari o ci siano stati i consueti depistaggi e le tradizionali infiltrazioni, è tutto da vedere. Il 12 aprile 1928 è la volta del tentativo di assassinare il Re Vittorio Emanuele III, con una rudimentale granata esplosa presso il piazzale Giulio Cesare, allora ingresso della fiera campionaria. Il Re resterà illeso ma sul terreno si conteranno venti morti e più di quaranta feriti.

Poi, ovviamente, la strage di piazza Fontana con le sue diciassette bare allineate sul sagrato del Duomo e le infinite ipotesi, le dietrologie, le tante menzogne processuali che avvolgono l'ennesimo mistero della storia repubblicana.

Infine, il 17 maggio 1973, la bomba lanciata da Gianfranco Bertoli, ufficialmente un anarchico, in realtà un informatore dei servizi segreti, davanti alla questura, con quattro morti e cinquantadue feriti.

Tra parentesi, di quest'ultimo episodio ho un ricordo tuttora vivido e scioccante, perché un minuto dopo lo scoppio di via Fatebenefratelli, tra feriti urlanti, odore acre di esplosivo e di morte, rivoli di sangue che procedevano come tentacoli verso un tombino, mi ritrovai dall'altra parte della strada, membro involontario di una fila indiana guidata dalla professoressa di latino della scuola media Parini, che avrebbe dovuto portare noi studenti ad una mostra in via Senato dove avremmo ammirato qualche oscura pergamena della quale la buona donna era devota ammiratrice.

La strage di via Palestro sarà inquadrata in quella scia rosso sangue che parte da Capaci, con l'uccisione del giudice Giovanni Falcone, passa per Roma con l'attentato in San Giovanni in Laterano e in San Giorgio in Velabro e si sofferma a Firenze con quello di via dei Georgofili.

Ho sempre avuto la sensazione che la strage di via Palestro, in quanto strage mafiosa, sia avvolta da un senso d'estraneità, coerente con la vulgata popolare che ritiene mafia, camorra, 'ndrangheta, fenomeni di pertinenza di altre aree geografiche. Dalle stanche commemorazioni che il Comune e la sempre più sparuta delegazione dell'Associazione partigiani organizzano ogni anno, emana lo straniamento di una città che forse non comprende a fondo quanto il diaframma etnico e culturale sia saltato da tempo, e come l'economia sporca e spesso insospettabile galleggi ormai impunemente in mezzo ai Navigli. La constatazione diventa evidente ogni volta che mi capita di partecipare a convegni o dibattiti che cercano di attribuire le impronte digitali di quelle "mani sulla città", imposte su Milano.

Sempre le stesse persone, un pubblico di addetti ai lavori, di giornalisti che scrivono *pamphlet* prestigiosi quanto ignorati, di sociologi, di avvocati. Assenti le forze economiche che pure dovrebbero sentirsi in qualche modo minacciate e non pervenuta quella società civile così tanto evocata da risultare spesso evanescente. Mentre Alessandra scompare nei meandri del Pac alla ricerca d'informazioni su come organizzare qualche evento dei suoi, e mi grazia dal raccontarmi di qualche suora millenaria, mi godo un tardo pomeriggio di primavera, con un'aria particolarmente limpida, che dà un calcio a tutti i luoghi comuni sulla cupezza del clima meneghino.

La serata si avvia verso un magnifico tramonto, ed io seduto su una panchina, molto simile a quella che ha dato la morte al maghrebino Mussafir, mi contorco in un *loop* di ragionamenti disconnessi che, all'ora dell'aperitivo, possono risultare indigesti.

Milano è strana. Quando cerco di spiegare a dei colleghi stranieri quale sia l'atteggiamento dei miei conterranei verso la criminalità e come siano possibili le immense infiltrazioni mafiose e paramafiose che avviluppano l'intera Lombardia, mi viene in mente la Piera, un'anziana gattara un po' toccata che abita nel mio quartiere.

La Piera vive in un monolocale fetido con una ventina di gatti, ma non contenta ne ha adottati un'intera colonia che, grazie alle sue cure, si è rapidamente moltiplicata diffondendosi in un'area fatta di vecchi laboratori artigiani in disuso.

Lei infila il cibo sotto una cancellata dalla quale non è possibile vedere ciò che sta all'interno ed i felini, riconoscenti, si sbafano bocconcini e croccantini.

Un giorno dietro al portone sono arrivate le ruspe. Gigantesche pale d'acciaio e trivelle simili ad enormi punte di trapano hanno iniziato ad edificare le fondamenta di nuove abitazioni.

Qualche associazione ha recuperato i felini e li ha smistati in altre zone. La Piera però non lo sa, o finge di non saperlo. Ogni mattina è curva davanti alla guardiola metallica riversando inutile cibo nell'assordante frastuono di martelli pneumatici, cibo che gli operai ormai rassegnati probabilmente mescolano al cemento.

Ecco, noi siamo così. Vediamo ciò che sta ad un metro, ma non vogliamo alzare lo sguardo per avere una visione d'insieme. Avvinghiati ai nostri angusti spazi mentali difesi con le unghie, non facciamo nulla per aggredire le cause del malessere. Milano tollera i piranha del mercato borsistico, è poco interessata alle matrioske societarie che nascondono segreti inconfessabili, pazienta per i mille crack e i fallimenti nello stile dell'Ospedale San Raffaele, sopporta stoicamente quegli speculatori edilizi che hanno ormai divorato i dintorni della città, magari costruendo direttamente su discariche come nel caso del nuovo quartiere di Santa Giulia, giustifica gli inquinatori delle falde acquifere e chi riversa tonnellate di petrolio nel Lambro.

E' però severissima con il piccolo delinquente comune, con chi attenta alla sicurezza del singolo, magari rubacchiando in un supermercato o palpando il sedere alle signore sull'autobus. Dietro alla staccionata, sta succedendo di tutto, ma noi continuiamo a dare da mangiare ai gatti. Eppure non si può certo dire che lo sbarco in città di quella malavita organizzata destinata a far rimpiangere la vecchia *ligèra*, sia cosa recentissima e inaspettata.

L'attraversamento del confine dal mondo romantico dei banditi nostrani a quello del controllo territoriale, del pizzo e del riciclaggio ha perfino il suo anniversario, collocabile nel febbraio del 1963.

E' la data nella quale il primo boss mafioso arrivò a Milano, non con la valigia di cartone in mano come vuole la leggenda, ma preceduto da solidi contatti con le istituzioni e fortificato da ingenti capitali da investire.

Con tutta probabilità il capostipite fu, infatti, quel Giuseppe Doto, meglio conosciuto come Joe Adonis, che per molti anni visse indisturbato nel suo quartier generale di via Albricci, a due passi dal Duomo, dove gestiva, in modo tutt'altro che discreto, il terminale nordico dell'impero mafioso.

Emigrato giovanissimo negli States e rispedito al mittente sul finire degli anni '50 con un bel divieto di rimettere piede sul suolo americano, Adonis fece una brillante carriera arrampicandosi fino ai vertici della cupola che aveva fondato insieme ad Al Capone e Frank Costello.

Gran tessitore di proficui rapporti tra malavita, potere giudiziario, forze dell'ordine, avvocati e politici, Adonis, nel nuovo mondo, si fece notare per le sue capacità manageriali e per le frequentazioni altolocate tra le quali spiccano Frank Sinatra e Tony Renis.

Insomma un personaggio di tutto rispetto che al suo arrivo a Milano godeva già di un fascicolo d'informative alto come un palazzo a nove piani.

Eppure le autorità meneghine, benevoli ed accondiscendenti verso un certo tipo di reati, aspettarono vent'anni prima di portarlo, ormai stanco e anziano, nell'aula di un tribunale.

Nel frattempo la rete del malaffare si era diffusa in modo sorprendente abbracciando traffico di stupefacenti, gioco d'azzardo, prostituzione, racket della spazzatura e delle pompe funebri, e si era

annodata in modo inestricabile con attività solo apparentemente lecite.
La storia proseguirà con i due figliocci di Adonis: Luciano Liggio capo dei Corleonesi e il meno noto Gerlando Alberti, tutti insieme a lavorare per edificare la gran Milàn para mafiosa.
C'è sempre un colpevole ritardo nel capire i nuovi fenomeni criminali e giusto per tirare l'acqua al mio mulino, se si ascoltassero di più coloro che se ne occupano in pianta stabile, magari finanziando un po' meglio l'attività preventiva e la ricerca scientifica...
Ma la pace ed il tempo per le riflessioni è già finito. Con passo da feldmaresciallo e sguardo incazzoso vedo arrivare Alessandra.

# Alessandra. Va da via i ciapp

Niente da fare. Ufficio complicazioni affari semplici. Ho parlato con cinque persone differenti ed ognuna ti rimanda a quello che hai già ascoltato. Alla fine bisogna risalire fino all'assessore. *Ma va da via i ciapp!*
Il criminologo ridacchia con l'aria del "te l'avevo detto". Ma io non abbocco all'amo della provocazione disfattista. Costi quel che costi porterò a casa i miei ambiziosi progetti. Diciamola tutta. Non abbocco, ma mi rode, perché un po' di ragione ce l'ha pure lui. Che sotto la Madonnina tutto funzioni per il meglio è più una speranza che una realtà. Diciamo che funziona meglio che in altre città ed è già molto. Ad ogni modo... va da via i ciapp anche Psyco. Ovvero, vada a quel paese. So io come vendicarmi di quello sguardo compiaciuto.

«Sai una cosa su questa zona» dico con aria angelica «non ci crederai...»
Butta gli occhi al cielo. «No, basta! Che palle!»
«Ebbene sì, anche qui un tempo sorgevano graziosi conventi, celebre quello dei Cappuccini di manzoniana memoria, qualche villa, sparsa qua e là e grandi distese di rigogliosa vegetazione».
«Tanto vale che questo libro, che sinceramente inizio a dubitare possa mai vedere la luce, lo chiamiamo suore e assassini» dice Psyco sconsolato.
«Non ti preoccupare, non è del sacro che ti voglio parlare, ma del profano, di *ciapp*, di chiappe del sedere, più profano di così» affermo benevola.

«Ok, la cosa si fa già più interessante...», sghignazza.
Le apparenze ingannano caro mio, temo resterai deluso... la storia è tutt'altro che a luci rosse e ha come protagonista un edificio di corso Venezia, palazzo Castiglioni, posto al civico 47, che oggi è la sede dell'Unione Commercianti di Milano.

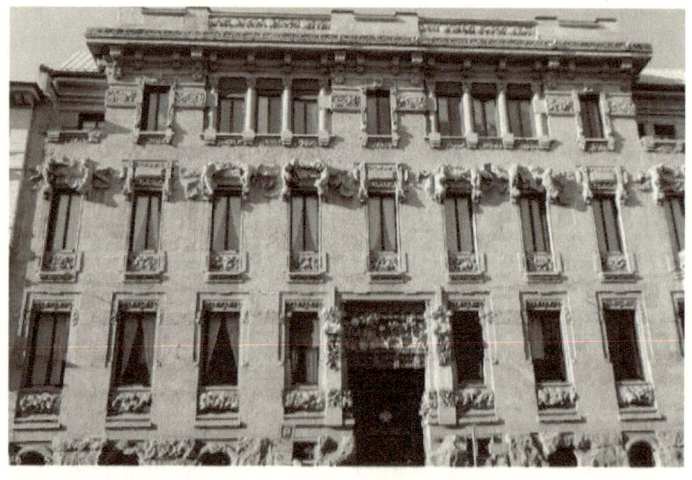

*Palazzo Castiglioni, veduta della facciata su Corso Venezia.*

E' stato costruito, in maniera assai fantasiosa, all'alba del 1900, in un italica declinazione del Liberty d'Oltralpe.
Ermenegildo Castiglioni, un borghese arricchitosi in tutta fretta come permettevano i primordi della rivoluzione industriale, aveva, infatti, urgenza di consolidare il suo prestigio con un sontuoso palazzo che supplisse alla mancanza di un albero genealogico adeguato al ricco portafoglio.

C'era un giovane e brillante architetto che sembrava rispondere alle sue aspettative, Giuseppe Sommaruga, che grazie a questa commissione diventerà uno dei più ricercati e famosi interpreti del Liberty italiano. Il progetto è ardito: un trionfo di pietra e di sculture dall'attacco a terra fino ai tetti.

Sommaruga coinvolge Mazzucotelli, il re del ferro battuto, che realizzerà lo scalone centrale, uno tra i pezzi forti del palazzo, le inferriate, i cancelli e le balaustre.

L'edificio, iniziato nel 1901, dopo due anni è già finito, pronto per essere abitato. Ma non si fa in tempo ad inaugurarlo che è già sulla bocca di tutti. E non certo per i motivi che immaginava l'ingenuo committente. Il giovane architetto aveva previsto un portale d'accesso, dal forte impatto visivo: due ciclopiche figure femminili come cornice, allegorie della pace e dell'industria, realizzate dalle sapienti mani dello scultore Ernesto Bazzaro. Gli ingredienti per una buona riuscita c'erano tutti. Peccato che le giunoniche cariatidi fossero state ritratte non solo di schiena, ma tutte nude e in modo decisamente procace. Ne era risultato un lussurioso e involontariamente ironico monumento al lato B.

Tant'è che di lì a breve uscirono memorabili vignette satiriche sul *Guerin Meschino*, una testata umoristica allora molto in voga, e il popolino, sempre molto arguto e fantasioso, coniò per il palazzo il nomignolo *Cà de ciapp*. Casa delle chiappe.

Dopo pochi mesi l'architetto, pentito e contrito, dovette sostituirle con una più casta e incongrua cornicetta, che tuttora c'entra poco o nulla con il resto della facciata.

«E le chiappe che fine hanno fatto?» chiede Psyco.

«Dopo aver languito per un po' in un deposito, sono finite su una delle facciate di villa Faccanoni, oggi sede della Clinica Columbus, anch'essa opera del Sommaruga, a lui commissionata dal leggendario pioniere delle automobili, Nicola Romeo, il papà dell'Alfa, per intenderci. C'è da dire che il buon Romeo, benché di aperte vedute, dispose che venissero collocate sul lato più nascosto della villa, un po' come si faceva nel cinquecento con i dipinti più licenziosi, rigorosamente appesi in camera da letto».

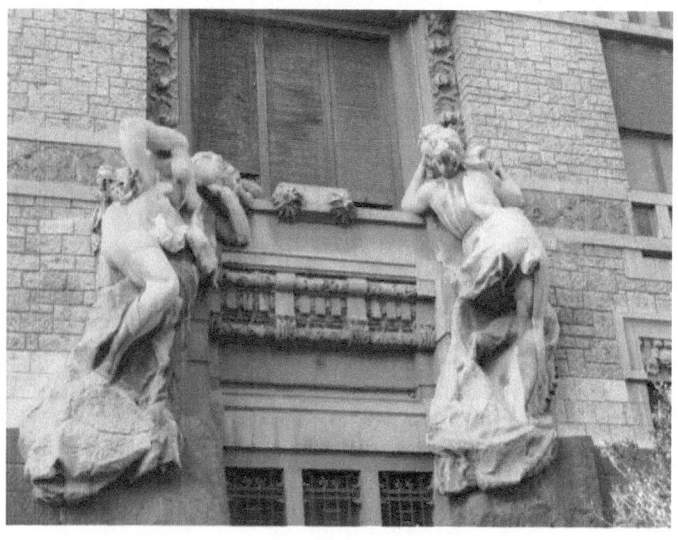

*Particolare della Cariatidi presenti sul retro della Clinica Columbus, già Villa Romeo, in Via Michelangelo Buonarroti 48.*

La perseveranza del mio compagno di viaggio nel restare ancorato alla panchina di fronte alla Villa Reale, mi autorizza ad approfittare dell'attimo fuggente per instillargli qualche altra pillola di conoscenza.

Devo ottimizzare il tempo prima che lui ricominci a raccontare di quei crimini e misfatti che sicuramente ha già in testa.

Non che voglia ignorare i suoi camei sanguinolenti, anzi, li trovo assai stimolanti e rappresentativi di una milanesità magari un po' fosca, ma indubbiamente realistica.

E' che mi sono posta come obiettivo quello di convertirlo alla bellezza della città e alla straordinaria carica che emana la sua storia.

Impresa difficile e a tratti disperata.
La prendo alla lontana.
«Tu che rimpiangi sempre la mancanza di grandi parchi e che invidi gli angoli verdi di Roma o di Parigi, pensa che abbiamo rischiato di perdere quel pezzo di paradiso del Parco Sempione».
Ecco, così funziona. Se parto dal bicchiere mezzo vuoto, Psyco è ben disposto ad ascoltare e riflettere su quello mezzo pieno.
«Sul serio. Si pensa sempre che la speculazione edilizia e l'insensibilità per la natura siano un fatto recente, ma in realtà costituiscono il dna di tutte le grandi metropoli. Central Park di New York, l'Hyde Park londinese, i giardini delle Tuileries di Parigi, lo stesso parco Sempione di Milano, sono, in un certo senso, delle anomalie, frutto di una resistenza eroica agli appetiti dei padroni del mattone» spiego.
«Prendi per esempio questa zona: complice il conven-

to del quale ti parlavo prima e il suo parco annesso, nel seicento era una piccola oasi dove far riposare mente e corpo dalle fatiche cittadine.
Gli arcivescovi la utilizzavano come riserva e qui venivano a sfogare i loro istinti venatori, organizzando delle memorabili partite di caccia.
Tu pensa, cervi e cinghiali dove oggi scorazzano labrador e passeggini. In mezzo a tanto Eden, come si può vedere in molti dipinti dell'epoca, c'era anche posto per orti, vivai, piccole rogge e casupole abitate dai lavandai. Ma alla fine del '700 inizia la colonizzazione aristocratica di quello che fino ad allora era chiamato *Borgo di Porta Orientale*.
L'intera area diventa un fermento di maestranze e aperture di nuovi cantieri, in gara tra loro per rendere la radiale per Venezia e Vienna degna dell'impero. Abbellire e ammodernare sono i diktat in nome dei quali viene interrato il fontanile dell'Acqualunga, un piccolo corso d'acqua posto al centro della carreggiata. Viene asportata l'antica crocetta di San Dionigi, che si trovava più o meno dove oggi c'è il Planetario, sacrificato il Convento dei Cappuccini di manzoniana memoria e demoliti i portoni e le torri della porta medievale che guardava piazza san Babila, sopravvissuti persino alla furia del Barbarossa.
Una volta fatto spazio, si edificano velocemente molti dei palazzi che ancora oggi ornano questa parte di città: Palazzo Serbelloni, posto al n° 16 di Corso Venezia, finito nel 1793 con la sua austera facciata neoclassica e nel 1796, Villa Belgioioso, oggi familiarmente detta Villa Reale, edificata su commissione del conte Lodovico Barbiano di Belgiojoso.
Il conte avrebbe voluto che a progettarlo fosse il Pier-

marini, ma l'archistar aveva troppo da fare con gli Asburgo e aveva declinato l'invito, cedendo l'incarico al suo allievo Pollack.

Libero dalle commissioni private il Piermarini, grande artefice di quasi tutto ciò che viene costruito in quegli anni grazie ai capitali pubblici, può dedicarsi a quello che rappresenta il primo caso di spazio urbano destinato alla ricreazione e al divertimento della cittadinanza: i giardini pubblici, una deliziosa porzione di verde che ospitava giostre, padiglioni per la musica, fontane e, dopo l'Unità d'Italia, anche fiere merceologiche, altrimenti dette expo. È e resterà, come sappiamo, uno dei pochi parchi a disposizione dei milanesi. L'altro è il Parco Sempione, che ha rischiato seriamente di scomparire a fine '800».

«Ci sarebbe da riflettere su questa furia devastatrice dei milanesi. La cosa, però, non mi stupisce più di tanto, osservando i tempi attuali» interrompe Psyco.

Già, devo darti ragione, per quanto possa sembrare incredibile il parco ed il Castello sono stati ad un passo dal diventare macerie. L'interprete del nuovo che avanza, il teorico della supremazia del mattone sull'inutile vegetazione cittadina, è stato in quegli anni l'ingegnere Cesare Beruto, responsabile della redazione di un nuovo piano regolatore, che aveva come idea cardine quella di sostituire il Castello con una sontuosa replica degli *Champs-Élysées*.

Versione ufficiale: creare un nuovo asse viario in grado di unire il Duomo con corso Sempione, passando per la neonata via Dante. Versione occultata: avviare una spaventosa speculazione edilizia privata che avrebbe dovuto ricoprire di cemento non solo l'area del Castello, ma anche il suo

parco.
Si dice che, apprese le trame oscure ordite ai danni della città, il carismatico senatore e architetto Luca Beltrami l'abbia salvato con una ironica arringa, dagli scranni del consiglio comunale.
In occasione di una riunione che aveva all'ordine del giorno il destino del monumento, finse una totale ed entusiastica adesione all'ardito progetto che culminò con una provocatoria proposta da porre ai voti: «Perché, giacché ci siamo, non demoliamo anche il Duomo? Così facciamo un bel viale che da Corso Sempione arrivi senza intralci fino a Corso Venezia e oltre, fino allo stradone di Loreto».
Come tutti quanti ci siamo ben accorti, del delirante progetto non se ne fece nulla. A dimostrazione del fatto che contro i beceri e gli ignoranti c'è una sola tattica vincente: rispondere con la leggerezza dell'intelligenza e la pesantezza del sarcasmo.

## Luca. Parchi

Già i parchi. Se non altro perché spesso li si frequenta durante l'età infantile dovrebbero essere considerati luoghi della memoria e come tali ritenuti sacri e inviolabili. Ognuno dovrebbe avere un angolo verde da custodire nell'animo e il suo mantenimento in vita dovrebbe essere sancito dalla Costituzione.
Per mia figlia, che è fortunata e vive accanto a quello intitolato ai Marinai d'Italia, sorto attorno alla palazzina Liberty, dove un tempo si esibiva Dario Fo, questo sarà sempre il giardino della sua infanzia vissuta tra partite di basket e corse in bicicletta.
Nel mio cuore e nei miei ricordi in bianco e nero il giardino per antonomasia era invece quello della Villa Reale. Quando il suo pomposo nome veniva pronunciato da mia madre avevo la sensazione di essere direttamente invitato a Corte. Se c'è una villa Reale ci sarà anche un Re, pensavo.
In realtà era solo una cittadella felice dove si poteva sfuggire al controllo degli adulti e addentrarsi in spazi che mi parevano immensi.
Alla domenica, quando questo era chiuso, restava il giardino pubblico, ed il deputato all'accompagnamento era il nonno. Essendo ateo convinto, ma anche un uomo assai concreto, aveva stretto un accordo con la nonna, circa la gestione del tempo dedicato allo spirito e a quello dedicato al corpo.
La nonna mi portava a messa alle nove di mattina, mentre lui aspettava fuori, per prelevarmi e portarmi a giocare fino all'ora di pranzo.

Il patto aveva funzionato per molti anni, ma come sempre avviene nelle contese politico-familiari, aveva delle gravi lacune contrattuali. Nonna Maria, infatti, che inspiegabilmente disapprovava il mio gusto per il rotolamento nelle pozzanghere, mi trascinava al rito domenicale vestito come un paggetto. Va da sé che pantaloncini corti, camicia immacolata e cappottini eleganti non sono il massimo per tentare le prodezze di Rivera, Bonimba o Mazzola e questo spiega forse ancora oggi la mia assoluta imbranataggine al cospetto di una qualsiasi palla.

Per fortuna c'erano le macchinine a pedali. Splendide vetture risalenti agli anni '30 che venivano affittate ai più mattinieri. Con la spider mignon si raggiungeva la fontana posta verso via Manin, con il suo temibile getto d'acqua, terrore dei capitani di ventura che qui varavano i loro modellini di barche a vela, quegli stessi natanti che dopo pochi minuti andavano a spiaggiare lontano e irraggiungibili con le vele fradice. L'attività più divertente era dunque osservare i tanti genitori che, mentre imprecavano, si toglievano le scarpe e si rivoltavano i pantaloni, per rispondere al mayday dei fanciulli in lacrime.

Quando proprio girava bene, c'era il banchetto dello zucchero filato che, in estate, si trasformava in venditore di ghiaccioli.

Solo due gusti, limone e menta, per la modica cifra di 25 lire o 15, non ricordo bene. Per bere c'era il drago verde, la fontanella col simbolo del biscione cittadino, di colore verde, appunto.

Con l'adolescenza e l'entrata a pieno titolo negli anni '70 i miei orizzonti agresti si sono spostati al parco Sempione, che stava vivendo la sua breve stagione hippy.

Il colorato parterre ai piedi del castello Sforzesco si stava riempiendo di sfaccendati, artisti, giocatori di frisbee, fumatori d'immensi narghilè, molesti suonatori di bonghi e chitarristi improvvisati.
Ogni tanto compariva qualche nome del jet set musicale, come quel giorno che tra gente stravaccata sul prato, sentii un inedito duetto tra Fabrizio De Andrè e Mario Lavezzi.
La fauna del parco aveva i suoi idoli, quali Kocis, indiano metropolitano in grado di scovare il miglior hashish che passasse per il nord Italia o Carlo Torrighelli, al secolo CT.
CT, come si firmava, era un marmista in pensione, che viveva per strada, dormendo sotto l'Arco della Pace.
Ufficialmente un clochard per scelta ideologica anche se nessuno l'ha mai visto privo di camicia pulita e barba fresca.
Era malato di silicosi, ma lui era convinto di essere stato contaminato da misteriose centrali ad onde radio nascoste negli Appennini con le quali la Chiesa "uccideva con l'onda!". Ben prima che si scoprissero le nefaste onde elettromagnetiche prodotte dall'antenna di Radio Vaticana a Cesano, nella sua follia era andato vicino alla verità e ne aveva fatto una missione.
Girava con il suo carretto a pedali, i barattoli di vernice bianca, accompagnato da tre pazienti bastardini, per riempire di proclami i marciapiedi della zona. Messaggi che immancabilmente finivano con la grande scritta: la Chiesa ti uccide con l'onda.
Una mattina del 1982 l'hanno trovato morto su una panchina e migliaia di milanesi l'hanno accompagnato al camposanto. Perfino i vigili, i *ghisa*,

come si diceva allora, piangevano quel mezzo matto anarchico e mangia preti.
Assorto nei miei pensieri, non mi accorgo che Alessandra è partita all'inseguimento di qualche statua del parco mentre un'ombra si avvicina alla mia panchina.

«Il Signore sia con te fratello». Fregato. Se lo avessi visto in tempo avrei usato il vecchio trucco del telefonino, fingendo di essere impegnato in una conversazione. Ora è troppo tardi e per colmo della scalogna non chiama nessuno.
«Fratello, Dio misericordioso mi ha indicato la strada che porta alla gioia».
L'omone dall'accento americano è vestito come uno dei Blues Brothers, ha una tessera di riconoscimento pinzata al taschino sul quale c'è scritto Family International e una cartelletta in mano. Un dannato cercatore d'anime da convertire o più probabilmente di offerte da raccogliere.
«Vivi la speranza in Jesus, fratello. Gesù disse: chi crede in me avrà la vita eterna...».
«Cosa sei? Un Avventista? Un Testimone di Geova?» chiedo
«*Children of God*, bambino di Dio, faccio parte della grande Family of love.»
«Non sei un po' grandicello per essere un *bambino* di Dio?» chiedo.
Lui sorride con settantasei denti porcellanati.
«Tutti siamo bambini al cospetto del Signore, fratello».
Me la cavo con tre euro, la lettura di un passo biblico e un opuscoletto con foto di splendide donne angelicate, ottimo motivo per lodare il Signore.

Lascio l'uomo alla sua missione, recupero la dottoressa Filippi e prendo come un segno del destino la circostanza che il versetto biblico che, come al solito, riguarda lo scontro tra la luce e le tenebre, mi sia stato letto quasi davanti al portone di via Palestro 20 dove la mattina del 27 marzo 1995 l'erede di una grande famiglia di pellettieri e stilisti ha incontrato due proiettili calibro 32, terminando brutalmente la sua breve esistenza.
Testimonianza storica del fatto che più che da Satana l'uomo deve guardarsi dalla stupidità dei propri simili. E da quella delle ex mogli.
«Un caso scolastico d'omicidio premeditato» disse il pm Carlo Nocerino, che prima di formulare l'accusa contro Patrizia Reggiani e la sgangherata compagnia di merende che ha messo la parola fine alla vita di Maurizio Gucci, aveva chiesto ai colleghi di poter dare un'occhiata al fascicolo riguardante l'omicidio Sermenghi, tanto i due fatti parevano la fotocopia l'uno dell'altro.
Sembrano ancora incredibili le circostanze nelle quali è maturato il delitto, le mille prove lasciate sul percorso, la bolla di amoralità nella quale sono vissuti i protagonisti di questa storia che tanto ha sconvolto la Milano "bene" di piazza San Babila e corso Venezia.
I fatti sono noti. Patrizia Reggiani, ex moglie rancorosa, in bilico tra follia e miliardi, tra depressione e stravaganza, è una presenza incombente e spesso indesiderata nel microcosmo dei ricchissimi milanesi che si destreggiano tra il mondo della moda e quello degli affari.
Non le si perdona, oltre alla nascita plebea, il carattere impossibile, la volgarità da arricchita e

l'ossessione vendicativa verso l'uomo che pure le ha lasciato, oltre a due figlie, un nome e un patrimonio invidiabile.
Incurante del giudizio altrui ed in preda ad un'evidente nevrosi, lancia continui strali contro il compagno colpevole di averle preferito la meno sanguigna Paola Franchi.
Non si contano gli attacchi giudiziari, le risse, le persecuzioni quotidiane alla quale la Reggiani sottopone l'imprenditore, nel disperato tentativo di ricondurlo a sé o almeno di avvelenargli il presente.
«Abituata ad un uomo succube e sottomesso, sposato in tenerissima età e manipolato in ogni istante dell'unione matrimoniale, la Reggiani non può tollerare l'atto di ribellione dell'ex marito» tuonerà la pubblica accusa.
Alle liti e agli insulti si sostituiscono presto minacce di morte.
«Chi poteva pensare che non stesse scherzando» dirà il suo avvocato Cosimo Auletta che si sentì domandare una previsione di pena qualora ella avesse ucciso il marito.
«Stranezze di ricchi» penserà Alda Rizzi, ex governante alla quale Patrizia chiese se in cambio di un'assunzione e della cittadinanza svizzera, il fidanzato Luciano Punta sarebbe stato disponibile a far fuori il Gucci.
Alle affermazioni bellicose non diede credito nemmeno la madre di Patrizia, Silvana Barbieri, che pure racconterà più tardi davanti ad un'attenta giuria di «essere stata a conoscenza delle minacce proferite da mia figlia».
L'unica a prenderla sul serio pare essere stata Pina

Auriemma, sedicente maga e amica tuttofare, che dopo la separazione è diventata la confidente della facoltosa signora.

E così, in una fresca mattina di marzo nella quale Maurizio dà un bacio alla compagna ed esce dal palazzo di Corso Venezia 38 nel quale abita, si arriva al tragico epilogo.

Il manager compie a piedi il brevissimo tragitto che lo divide dalla sede della Vierse, società che ha da poco fondato e che ha gli eleganti uffici in via Palestro.

Davanti al portone, Maurizio non si accorge di superare lo sguardo di un uomo, apparentemente sfaccendato, che lo osserva salire i pochi gradini e lo vede salutare Giuseppe Onorato, il portinaio dello stabile. Non si accorge nemmeno di una Renault Clio verde pisello parcheggiata davanti al numero 20, presenza inelegante e inopportuna in quel contesto così chic. In un attimo l'inferno. L'uomo estrae una calibro 32 e mira alla nuca dello sfortunato erede. Uno, due, tre colpi che lo raggiungono in pieno. Maurizio però non muore subito.

«Si è accasciato girandosi verso lo sparatore, come stupito da ciò che stava accadendo» racconterà il portiere dal letto d'ospedale nel quale sarà ricoverato per l'estrazione di un proiettile che nella mattanza ha colpito pure lui. Un quarto colpo mette fine all'agonia. L'assassino sale in macchina dove un complice lo attende e si dilegua nel traffico mattutino. Agli inquirenti non servirà molto tempo per fiutare la pista giusta. Quella della quale parla già tutta Milano. Quella che porta a Patrizia la pazza.

Scartate le ipotesi legate all'attività commerciale dei Gucci, alla malavita organizzata, al traffico di capita-

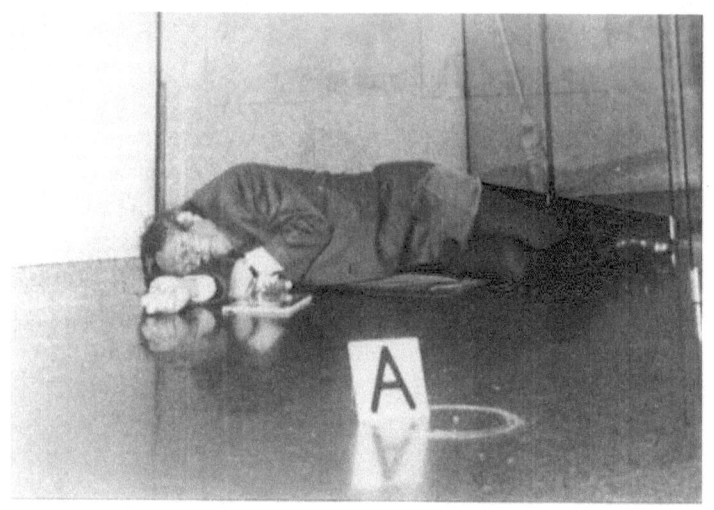

*Il cadavere di Maurizio Gucci.*

li, ai casinò ai quali la famiglia guardava con sempre maggior interesse e sondati a lungo gli aspri conflitti di pubblico dominio con il cugino Paolo, gli inquirenti imboccano con decisione quella che pare la più ovvia. Ma ci vogliono prove, nomi, complici per riempire le caselle del giallo.

E' un anonimo informatore quello che fornisce il primo tassello al commissario Filippo Ninni, incaricato dell'inchiesta. Nella nota si fa un nome e un cognome, quello di Ivano Savioni, quarantenne portiere d'albergo, dal corposo fascicolo giudiziario, che si sarebbe vantato in pubblico di essere coinvolto nell'illustre omicidio.

Mitomani e millantatori in ambito giudiziario ci sono sempre stati e sempre ci saranno, ma la gola profonda ha un elemento interessante per stimolare l'attenzione della Criminalpol: Savioni era amico di Pina Auriemma, la maga già interrogata dalla Polizia, grande conoscitrice dei fantasmi che aleggiavano nello spettacolare attico di Piazza San Babila dove Patrizia Reggiani viveva con le figlie. Non è un gran thriller quello che si dipana dalle vie del centro cittadino, ma una trama esile che non arriverebbe sul tavolo di un editor di buon gusto. Viene posta sotto intercettazione la linea telefonica sulla quale viaggiano i cattivi pensieri della Auriemma e dell'amico Savioni. I due parlano in continuazione, certi di non essere spiati, fornendo ogni particolare delle loro azioni. In un turbinio d'accuse reciproche, di sgarbi, di furti, di minacce e di ricatti, si delinea una squinternata armata Brancaleone che, su mandato della Reggiani e regia della maga, ha organizzato e commesso l'omicidio. Alla veggente che nei fondi di caffè e nella sfera di cristallo, scrutava il futuro, non si erano evidentemente palesate le manette che si stringeranno di lì a breve ai polsi dei membri della compagnia. A San Vittore insieme alla Liz Taylor della griffe, come verrà soprannominata la Reggiani per la sua somiglianza con l'attrice, finiscono la Auriemma e il Savioni ritenuti gli intermediari, Benedetto Ceraulo individuato come il killer e Orazio Cicala l'autista della Renault. Cinquecento milioni di lire la cifra pattuita per l'agguato mortale. La Reggiani, ossessionata dai soldi, ha ottenuto un prezzo chiavi in mano assai vantaggioso, considerando che se tutto fosse andato per il verso giusto le figlie Allegra e Alessandra, legatissime alla mamma, si sarebbero trovate eredi di un vero impero finanziario.

Più di cento miliardi di lire in denaro liquido, palazzi e ville sparse tra Milano, New York, St Moritz, fantastiche barche come il leggendario Creole e il più sportivo Avel, partecipazioni azionarie, società sparse in mezzo mondo, per un totale valutato intorno agli ottocento miliardi delle vecchie e rimpiante lire.

Dal punto di vista giudiziario la storia finisce tra accuse reciproche, richieste d'infermità mentale, sofisticate quanto inutili tecniche difensive, immorali tentativi di scaricare sul morto la propria responsabilità e con una condanna definitiva a 29 anni per il killer e a 26 per gli altri compagni tra cui Patrizia Reggiani e solo 20 anni per la Auriemma in virtù della non partecipazione diretta all'omicidio.

Conosco persone che vivevano nell'entourage della coppia griffata. Testimoni delle ossessioni per il denaro e della nevrotica difesa di una posizione sociale messa a rischio dal divorzio, diventata una ragione di vita o di morte per l'uxoricida.

Molto si è detto, scritto e sparlato, su quella che, se fossimo in una perizia, definirei *sindrome di Creso*, ovvero una spropositata megalomania, un rapporto compulsivo con la carta di credito, un narcisismo isterico che ha armato la mano della signora omicidi.

Gli aneddoti sulla dissipazione del denaro sono talmente tanti che riempirebbero da soli l'intero libro, ma uno, del tutto inedito, mi è stato raccontato direttamente dalla protagonista, una negoziante di via della Spiga, allora specializzata in costosissimi completini in cachemire per bimbi molto ricchi e viziati.

«Era da poco nata la prima figlia Alessandra, quando la signora Gucci si presentò insieme ad un'amica nella boutique.

Dopo aver passato in rassegna la merce esposta si focalizzò su tre golfini uguali. L'amica gentilmente le fece presente quanto fosse inutile spendere tanti soldi per un acquisto che, data la continua crescita della bambina, avrebbe goduto solo pochi mesi.

La reazione della donna fu isterica. Si mise ad urlare come un'ossessa, cacciando l'amica che, secondo lei, metteva in dubbio la sua disponibilità economica.

Mi chiese quanto costasse l'intero magazzino del negozio. Tutti i capi. Di qualsiasi foggia, taglia, età.

Mi parve una cosa tanto folle che non sapevo cosa risponderle. Ancora più irritata mi mise in mano un assegno da cinquanta milioni, una cifra enorme per l'epoca, dicendo che avrebbe mandato il suo autista a svuotare gli scaffali. Naturalmente non venne mai nessuno».

«Una donna furbissima che mente come respira» l'ha etichettata il sostituto procuratore Laura Bertolè Viale. Tutto vero, ma resta la sensazione che il vortice che ha inghiottito la famiglia Gucci si sia generato all'interno di una mefitica scalata sociale che ha portato Patrizia e Maurizio in un mondo parallelo, dove i soldi puntellavano un vuoto esistenziale ed una difficoltà psicologica prologo del disastro finale.

Altrettanto forte è la sensazione che in molte delle first lady che si aggirano stancamente tra una sfilata di moda, un salotto e una gioielleria del centro, il disagio della Reggiani sia più diffuso di quanto si creda e che nelle oscure pieghe della mente, sia, talvolta, perfino accettata.

# Alessandra. Sestieri e spirali

Abbandoniamo le mogli assassine e le stranezze dei super ricchi per percorrere Corso Venezia e dirigerci verso il Duomo e via Torino, dove, per inciso, abito e dove mi piacerebbe tornare entro la notte sempre che Psyco non scovi qualche altro delitto prolungando il percorso, la serata ed il capitolo che stiamo, senza un barlume di metodo, scrivendo.

Ma l'imprevisto è dietro l'angolo. Psyco, dopo cinquant'anni che vive a Milano, si accorge per la prima volta che in qualche cartello per turisti, oltre alla data di costruzione dei palazzi, si parla di Sestiere d'appartenenza.

«Sestieri?» domanda.

«Credevo che almeno tu lo sapessi... Milano, fino al 1859, era suddivisa in Sestieri, esattamente come Venezia. E dirò di più: quella della toponomastica e della numerazione attuale è una storia affascinante che anche in questo caso vede lo zampino dell'instancabile Maria Teresa.

E' stata l'imperatrice, infatti, che con il suo pragmatismo ha pensato bene di mettere un po' d'ordine tra le innumerevoli contrade della città.

Ne individua sei, tante quante sono le porte delle mura e le aperture che, allora, permettevano l'accesso a piazza dei Mercanti, che come ho già detto, era il fulcro intorno al quale è cresciuta Milano.

Sestiere di Porta Orientale, di Porta Romana, Porta Ticinese, Porta Comasina, Porta Vercellina e Porta Nuova. Come se non bastasse, decide di numerare tutte le case e suo figlio Giuseppe II, nel 1786, stabilisce di dare un nome a tutte le strade.

È una rivoluzione: gli abitanti che, fino a quel momento, si erano mossi in un modo molto simile a quello che ancora oggi governa spostamenti e identificazione dei luoghi nelle affollate città del Sol Levante, devono mandare a memoria una sfilza di nomi e cognomi da far rabbrividire anche il più colto degli alfabetizzati. Figuriamoci quelli che leggere e scrivere non sanno nemmeno cosa sia. E a quel tempo non erano pochi.

All'ombra della Madonnina, infatti, non esistevano né indirizzi né numeri civici. Si andava per approssimazione e consonanze: Messer Giovanni di Giacomo degli Alberti, Nobile contrada di Sant'Ambrogio, prima del *prestinèe* (panettiere), dopo *el cadregatt* (il ripara sedie). Semplice no?

Molti dei nomi che vengono scelti ricalcano quelli già diffusi tra il popolino, come via degli Armorari, ovvero degli armaioli, degli Orefici, degli Spadari; altre volte si adotta l'intitolazione di una chiesa, spesso le preesistenze scomparse, come via San Giovanni sul Muro, Piazzetta della Rosa, oggi nota come Piazza Pio XI, dove all'epoca dei Borromeo sorgeva la chiesa di Santa Maria della Rosa.

La storia più interessante però è quella sulla numerazione *teresiana*.

Una tra le prime cose che mi sono chiesta quando sono sbarcata a Milano è perché mai qui i numeri civici non corrispondono alle aperture su strada dei palazzi, come avviene in tutte le altre città d'Italia, ma vadano a lotti. Ogni palazzo ha un portone e un numero e sotto di quello vengono identificate tutte le luci del piano terra dell'edificio. Per dirla in altre parole, i negozi non hanno un numero civico.

Se vuoi spedire una lettera alla lavanderia sotto casa devi fare riferimento a quello del portone più vicino.
Col passare del tempo, verificato che persino in periferia il criterio era lo stesso, ho fatto una seconda misteriosa scoperta: di quando in quando, sui portali delle case più antiche, facevano capolino improbabili serie di numeri: 432, 1570, 1721, 1820, 1927.
Lì per lì penso: ma guarda, curioso questo modo di segnalare l'età di fondazione del palazzo. Un giorno m'imbatto in un futuribile 2824, seguito a ruota da un 2852. E poi ancora 4867, 5307.
I conti non tornano e sebbene ritenga Milano sempre un passo avanti rispetto a tutte le altre città, decido di andare a fondo della faccenda. In questi casi la caccia agli indizi ha un solo e inattaccabile punto di partenza: la biblioteca.
Dopo un pomeriggio di ricerca con la dedizione instancabile di un Leopardi e un'ostinazione degna dell'Alfieri, ho scoperto l'arcano. Grazie ad un progetto varato da Maria Teresa, tutta la città è stata mappata e numerata secondo un sistema progressivo unico. Il numero di partenza è Palazzo Reale (ovvero l'uno). Il punto d'arrivo è l'ultimo edificio della periferia, addossato alle mura spagnole, numero 5314. In mezzo, come nel gioco dell'oca, una spirale dipanata in senso circolare. Vedi Psyco che la spirale ritorna? Nell'anno 1830 il numero delle case, all'interno delle mura, è già salito a 5628. Segno evidente che la speculazione edilizia è nel dna del capoluogo lombardo.
Quando nel 1866, in pieno clima unitario, le difficoltà di questa numerazione si fanno sempre più evidenti, i sabaudi decidono per una numerazione via per via, pari a destra, dispari a sinistra, ovviamente venendo

dal centro. Semplice, ma efficace. Unica deroga, concessa dall'inflessibile razionalità dei nuovi burocrati, è il mantenimento della numerazione per lotti e non per aperture.

# Luca. San Babila ore 20

Ognuno ha i suoi enigmi da risolvere. Certo che Alessandra ne ha alcuni ben strani.
In fondo anche la mia professione richiede delle risposte e spesso queste vengono da visite in biblioteca o dalla ricerca nell'archivio della memoria. Ecco un esempio.
Esiste una tipologia di delitti nel quale il sangue mostri le stimmate degli indirizzi più prestigiosi? Si può delineare una *psyco mappa* 20122, dal codice di avviamento postale delle vie più centrali? Vuoi vedere che ha ragione Alessandra e che la sua teoria sulla Milano concentrica non è poi così balzana e trova la sua legittimazione perfino tra assassini e balordi?
Il dubbio sorge da alcune domande che mi sono state rivolte telefonicamente da un giornalista-architetto che desidera un mio intervento sul pomposo tema: Confini architettonici e confini mentali.
In sostanza, il brav'uomo vorrebbe che io mappassi il territorio, trovando similitudini tra eventi criminosi legati ai singoli quartieri piuttosto che all'intera città.
Certo è che la Milano attuale è una città nella quale le classi sociali sono confinate in aree geografiche ben precise. Più o meno in tre cerchi.
I ricchi in centro, la middle class che si spinge fino alla circonvallazione più esterna e fuori, in periferia e nei mille quartieri satelliti, i nuovi arrivati. Ci sono parecchie interessanti eccezioni come il terziario modaiolo che occupa i nuovi loft di Lambrate, o gli amanti del jogging mattiniero che abitano a San Siro, ma nella stragrande maggioranza

dei suoi millesimi il condominio Milano è diviso per caste. Con attici, appartamenti e scantinati.

Per verificarlo basta vedere la qualità dei servizi nelle tre aree, visitare una scuola o leggere una dichiarazione dei redditi a caso.

L'imborghesimento del centro tuttavia ha una storia piuttosto recente iniziata a metà degli anni '70 e consacrata definitivamente con la Milano da bere degli '80. Fino ad allora la città aveva vissuto uno sviluppo a macchia di leopardo nel quale tutto si mescolava generando una mediazione abitativa e sociale molto interessante.

Pescando a caso nella memoria ricordo ad esempio il clima che si respirava fino ai primi anni '80 in piazza Santo Stefano, a due passi dall'Università Statale. Nel puzzo di fritto proveniente dal panzerottificio Strippoli, intellettuali, artisti, vecchi pensionati, professori universitari, avvocati, librai e venditori d'artigianato più o meno indio-hippy, convivevano con una tolleranza reciproca attualmente inimmaginabile. Tra via Palermo, con le sua geografia di vecchie trattorie che facevano da cornice all'ambigua Pelota basca, luogo di scommesse e di traffici loschi, e gli eleganti portoni di via Solferino, frequentati dalle grandi firme del Corriere della Sera, non c'era una frattura netta di casta o di censo.

Non si viveva il fastidio del vicino e nemmeno si considerava degradata l'area più popolare, si preferiva considerarla vagamente bohemien.

Spesso la mescolanza avveniva dietro alle facciate e riguardava i bambini. Protagonisti assoluti di un mondo separato. I cortili, comunicando tra loro, generavano una città nella città che si snodava per chilometri in una complessa trama nemmeno immaginata dagli adulti. Una città underground dove t'infilavi in un palazzone austero e con poche pedalate emergevi in mezzo ad affascinanti retrobotteghe, depositi di carbone, panificatori imbiancati dalla farina. I più piccoli, protetti dai pericoli della strada, scorazzavano in bande, non ancora babygang, fregandosene delle regole dell'urbanistica e spesso anche di quelle della fisica. Saltavano muretti e visitavano garage, entravano in ammuffite cantine per ritrovarsi, complice un cancello sempre aperto, in lussureggianti giardini. Tra gli improperi dei portinai, relegati al ruolo di arcigni tutori dell'ordine, i ragazzini vivevano una vita parallela a quella imposta dai genitori e dalle loro classi sociali.

Per chi non amava lo spirito un po' berlinese della Milano anni '60 e '70, stavano sorgendo i nuovi ghetti per benestanti, quali San Felice o la Milano Due di Silvio Berlusconi, dove nelle rassicuranti vie dei Tigli, dei Ciclamini, delle Rose o delle Ginestre, si poteva vivere un'esistenza più omogenea e tranquilla.

Milano Uno, quella vera, era un laboratorio pieno di vita, capace, al contrario di città come Torino, di sopravvivere alle difficoltà e alle incertezze dei tempi. Una città poetica della quale essere orgogliosi.

Poi tutto è cambiato. Succede.

Rassicuro la mia compagna di viaggio sulle mie intenzioni: non voglio addentrarmi in complesse analisi socio-politiche sugli anni che mi videro ragazzo, anche perché si sta facendo tardi e devo andare a prendere mia figlia a scuola.

Ma data la vicinanza con Piazza San Babila non posso dimenticare come essa sia stata testimone di questa svolta e abbia vissuto in prima fila gli anni del cambiamento. Analogamente a ciò che è accaduto nei quartieri Parioli di Roma, Albaro di Genova o Chiaia di Napoli, San Babila è stata, circa quarant'anni fa, la cartina al tornasole dei primi fenomeni di radicamento della nuova borghesia nel centro cittadino, della frattura, per certi versi drammatica, con l'allegra anarchia degli anni precedenti, della volontà dei nuovi soggetti di piantare la propria bandiera nel terreno fragile degli equilibri post bellici delimitando il proprio territorio.

In fondo, i famosi sanbabilini, immortalati nel film di Carlo Lizzani *San Babila ore 20: un delitto inutile*, furono ben questo: un avamposto di violenti che si erano presi il compito di marcare i confini di una nuova intolleranza.

Prologo delle tante tribù, fortunatamente più pacifiche, che verranno ad occupare quella stessa piazza di lì a poco: Fioruccini, Preppy, Yuppy, Paninari e via discorrendo.

E allora, proprio tra chi frequentava questa piazza, nei lontani anni '70, si possono scorgere i prodromi della prima crisi etica e morale del ceto borghese. Non tanto nei delitti cosiddetti politici, che hanno insanguinato per quasi un decennio il selciato metropolitano in un'intifada senza fine e senza vincitori, ma nei delitti comuni, in quelli più assurdi e stupidi. Inutili, come, giustamente li etichettò Lizzani. Tra i tanti fatti criminali che hanno avuto per protagonisti ragazzotti neo borghesi intossicati dalla violenza e dalla vacuità della loro esistenza, ce n'è uno che fa da spartiacque tra il prima e il dopo. Tra il sangue finalizzato ad un obiettivo, sia esso il denaro, il sesso, o il potere, e quello versato in nome del nulla.

«Sono arrivati a Milano i delitti freddi, glaciali, incomprensibili. L'alta borghesia milanese ha responsabilità sociali gravissime» afferma lo stesso regista in un'intervista del 1976.

«*Delitto senza motivo*» titola l'Europeo. «*Sanbabilini assassini*» echeggia l'Unità. «*Il requiem della famiglia borghese*» chiosa il Corriere della Sera.

I giornali ingialliti dal tempo portano la data del 28 marzo 1976. La mattina precedente, illuminata da un pallido sole che non si decide a trasformarsi in primavera, Tersilio Coppini, guardia giurata incaricata di vegliare sugli attrezzi che gli operai lasciano presso la cava di Mezzate, nella periferia est della città, sta percorrendo a piedi i viottoli che costeggiano gli acquitrini. D'un tratto, in mezzo al fango e allo squallore di un luogo che è il regno notturno di prostitute e tossicodipendenti, emerge una scarpa femminile con tacco discreto e fibbia alla moda.

«Modello costoso, roba di lusso» pensa immediatamente. Nulla a che vedere con quelle spesso abbandonate dalle abituali frequentatrici del luogo.

Sul terreno l'uomo nota delle tracce di sangue che portano in direzione di alcuni cespugli oltraggiati da immondizia e preservativi.

Non ci mette molto a fare una terribile scoperta: riverso sul terreno c'è il corpo senza vita di una ragazzina. Ha addosso una gonna di velluto nera ed una camicetta bianca sbottonata dalla quale emerge il seno. Una bambola bionda disarticolata e abbandonata senza la minima *pietas* umana in quello scenario desolante.

Al dito ha un anello d'oro, al polso un prezioso orologio Beaume-Mercier ed un bracciale di Bucellati. Chi l'ha uccisa, evidentemente, non la voleva rapinare. Nemmeno voleva celarne l'identità: a fianco del cadavere c'è la borsetta con la vistosa H di Hermes, il must del momento e dentro un portafoglio della stessa marca contenente trentamila lire insieme ai documenti.
Si chiama Olga Julia Calzoni, ha sedici anni, è studentessa del Liceo Volta e vive nel centro di Milano in Corso Venezia.
I medici della scientifica reperteranno quattro fori di proiettile che l'hanno selvaggiamente deturpata al volto ed uno che ne ha perforato l'addome. Barbaramente sfigurata mentre, con tutta probabilità, guardava in faccia il suo assassino. Sulla nuca e sulla tempia destra due ferite che, a prima vista, sembrano inferte con il calcio di una pistola o con un pesante oggetto contundente.
Cosa ci faceva una ragazza così, in quel postaccio? Chi poteva essere l'autore di un tale scempio? Ma, soprattutto, perché?
Nessuna traccia di violenza sessuale. Oggetti preziosi lasciati sul luogo del delitto. Forse una vendetta? Una punizione, tanto efferata quanto esemplare?
Gli interrogativi si accavallarono nella testa dei primi poliziotti intervenuti sul posto, rafforzati dalla certezza che non si trattasse di un delitto qualunque, di uno dei tanti consumati nelle notti inquiete della periferia milanese. C'era qualche cosa di drammaticamente diverso in questo omicidio, una palpabile incongruenza tra vittima e scenario.
Qualche cosa che comunicava angoscia anche ai cuori non particolarmente teneri degli uomini in divisa.

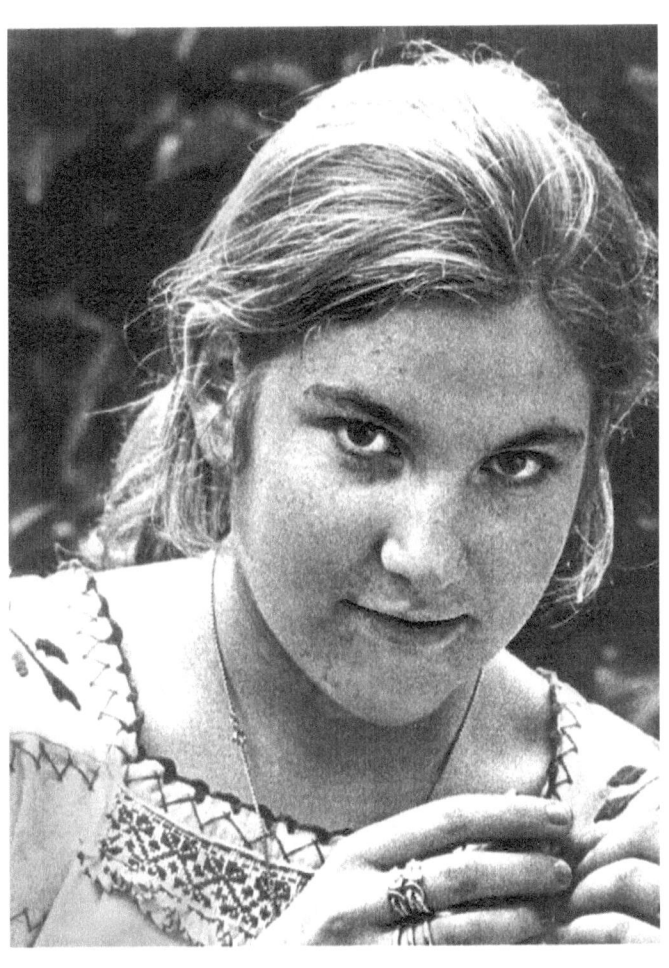

*Olga Julia Calzoni.*

I membri della volante decisero che era il caso di disturbare il gran capo.

La radio di servizio gracchiò il nome del commissario della squadra mobile, Francesco Giordano, per avere indicazioni precise su come procedere senza commettere errori.
Il nome della vittima fu un fendente, che raggiunse il commissario in pieno petto. Se lo fece ripetere due volte. Non potevano esserci dubbi. Si trattava della figlia del caro amico, Roberto Calzoni. L'ultimo nome che avrebbe voluto sentire. Il *profiling*, come diciamo oggi, della vittima, diventa chiaro, facilissimo da delineare.
Julia, come la chiamano familiari e amici, è la classica brava ragazza, che ha un ottimo rapporto con la madre alla quale racconta sempre tutto. Timida, educata, obbediente, disinteressata alla politica che infiamma tanti suoi coetanei, brava a scuola e negli sport. Una ragazza "d'altri tempi", la definiranno professori e compagni. Forse un po' superficiale e con troppa voglia di crescere, ingenuamente attratta dai ragazzi più grandi, quelli che hanno già sostituito la vecchia Vespa con la macchina e che si danno l'aria degli uomini vissuti, ostentando occhiali a specchio e scarpe a punta, ma nell'insieme una ragazza senza molti grilli per la testa.
Una come lei non sarebbe mai andata in un luogo malfamato se non accompagnata da qualcuno che conosceva bene. Forse un amico che ha tentato un approccio, un amante che si è rivelato un assassino. Chissà. Sicuramente qualcuno del giro frequentato dalla ragazza.
Tante le ipotesi che si affacciavano nella mente del commissario ma, al momento, ciò che lo angosciava maggiormente era il doversi far carico di quella ferale notizia.

Prima che lo facesse qualcun altro, prima che i giornalisti, già piombati sul posto, avessero il nome che tanto cercavano.

In una meritoria opera di depistaggio fu diramata la notizia che il cadavere appartenesse ad una donna di circa trent'anni e che la ricerca degli assassini partisse dal cono d'ombra che avvolgeva la malavita organizzata. Guadagnare qualche ora sarebbe stato utile anche per le indagini. Mentre i lettighieri depongono il corpo nell'ambulanza per trasportarlo all'Istituto di medicina legale di via Celoria, un ragazzo di vent'anni sta entrando nel portone di casa sua in via Fabio Filzi. E' tranquillo e sorridente e ha appena portato i suoi vestiti sporchi di fango in tintoria. Il suo nome è Giorgio Invernizzi.

Anche in casa di Fabrizio De Michelis, inseparabile amico di Giorgio, c'è movimento. Fabrizio sta sistemando il box, nel sotterraneo di un elegante condominio di via Boccaccio. Deve spostare vecchi oggetti e mobili per posizionare, lontano da occhi indiscreti, un'ancora che ha da poco acquistato.

Un rapporto simbiotico, quello dei due ragazzi, una fratellanza iniziata immediatamente dopo la scuola media nonostante marcate differenze caratteriali.

Fabrizio De Michelis, un giovanotto grande e grosso, ha una personalità forte e un carattere irascibile e violento, peggiorato dopo la morte per tumore del padre. Forse proprio per questa dolorosa perdita ha sviluppato una visione cinica della vita ed un attaccamento ossessivo verso la madre che lo ricambia con continue offerte di denaro e di protezione.

Nel silenzio della sua cameretta tiene uno sgrammaticato diario nel quale inneggia a miti hitleriani, vagheggiando la supremazia della razza ariana, della quale, ovviamente, lui sarebbe un fulgido prodotto. Ha anche una pistola, ereditata dal padre, una 7.65 con la quale si esercita nei viottoli di campagna.

Giorgio Invernizzi è più mingherlino, più educato, ed è palesemente succube della personalità di Fabrizio. Ascolta con passione i discorsi del compare, ma in realtà è poco interessato alla politica. Le sue passioni sono il denaro e lo sport. Il primo lo trova con facilità, nella borsetta di mamma, il secondo in una palestra d'arti marziali dove, con l'allenamento, cerca di modellare il suo corpo inseguendo il mito di Bruce Lee. Anche lui ha una pistola, una 6.35, detenuta con tanto di permesso rilasciato dalla Questura.

Il loro luogo d'incontro è piazza san Babila. Studenti poco virtuosi della facoltà di medicina, alla quale sono approdati dopo un curriculum liceale imbarazzante, sono anonime comparse di quell'estremismo di destra che gravita attorno alla piazza. Ragazzi senza storia che trascinano i loro pomeriggi tra la sala da tè del Motta e il bar Borgogna, attenti al proprio look più che alle letture di Nietzsche o Evola. Le donne sono escluse dal loro rapporto. Fabrizio De Michelis ha una fidanzata, Maria Luisa Troyer, una ragazzina di una timidezza quasi patologica, che raramente si fa vedere in piazza. Giorgio in passato è stato il compagno di Olga Julia Calzoni, ma l'ha lasciata, ferendola nell'orgoglio, perché all'amico, quella bambina sognatrice, non piaceva affatto. Eppure nel tardo pomeriggio del 26 marzo, Julia doveva incontrare proprio Invernizzi.

«Esco con Giorgio, lui vuole parlarmi...chissà, magari un ripensamento» aveva confidato alla madre.

«Mi ha chiesto la gonna, e la camicetta di seta, per essere elegante, per tentare di sedurre ancora quel ragazzo che le era rimasto nel cuore» dirà la mamma.
Anche la domestica di casa Calzoni ha qualche cosa da raccontare al commissario. Gli narra di un gioco del quale Julia le aveva parlato e che a lei era sembrata una stupidaggine da ragazzi alla quale non dare eccessivo peso. Sarebbe stato un banale scherzo telefonico, così le aveva detto l'ex fidanzato, una burla da fare al padre mediante la registrazione su un apparecchio Geloso a nastri, di un messaggio: «Aiuto, sono stata rapita, preparate 400 milioni di lire in contanti». Cinque minuti di spavento e poi Julia sarebbe magicamente emersa da una stanza a fianco.
L'ingenua ragazzina non avrebbe dovuto dire nulla della serata e nulla dello scherzo, ma Julia non assomigliava a Giorgio e nemmeno a Fabrizio, non era tipo da uscire alla chetichella di casa tra un mugugno e un altro. Non aveva segreti inconfessabili e così aveva raccontato tutto alla domestica.
Quando le manette scattano ai polsi dei due giovani arriva quasi immediata la confessione.
Cinici nella pianificazione di quello che sarebbe dovuto essere un banale rapimento a scopo d'estorsione. Uno dei tanti dei quali scrivevano ogni giorno i giornali, una crocetta sulla pratica "pagamento effettuato, ostaggio scomparso".
Nessun pianto, nessun pentimento. Piena e fredda assunzione delle proprie responsabilità.
Doveva essere un lavoro pulito come quelli che si vedono al cinema. Un rapimento senza la noia di una lunga detenzione, di un covo, di un basista, di una vivandiera e di estenuanti trattative.

Tutto superabile con una botta in testa con la quale far svenire la vittima, poi un'iniezione d'aria per ucciderla e infine la soppressione del corpo che, agganciato ad un'ancora acquistata per l'occasione, si sarebbe inabissato nelle acque del Ticino. Lontano dagli occhi e lontano dalla coscienza. Semplice. Come in un film con Franco Nero o con Maurizio Merli. Poi le cose erano andate diversamente. Uccidere non era come nei film. Il colpo alla nuca dato con una sbarra in pvc, non aveva fatto perdere i sensi alla ragazza che, sbigottita dall'aggressione di coloro che riteneva amici, si era divincolata, aveva urlato, aveva tentato l'ultima disperata fuga. I due in preda al panico non avevano saputo fare di meglio che tirare fuori le pistole e sparare alla cieca verso la loro amica. Firmando così, se pure ce ne fosse stato bisogno, il vigliacco omicidio. Solo gelo e cinismo su questo delitto. Quello della madre di Fabrizio De Michelis, la quale, all'arrivo dei carabinieri, non riesce a dire di meglio che: «Mamma mia che figura!»
Quello dei genitori di Giorgio Invernizzi, che si preoccupano più per la difesa legale che per l'insensatezza di quel massacro. Quello dei due assassini che chiedono al Presidente della Corte d'Assise di poter tenere i Ray Ban neri anche durante l'udienza, come simbolo d'appartenenza ad un'area politica dalla quale hanno preso solo l'ostentazione per la forza bruta.
Ma indifferenza anche da parte dei mass-media che inseriranno l'episodio nel mare di reciproche accuse che dilaniano destra e sinistra, e non si tireranno indietro dall'etichettare la vittima, appena sedicenne,

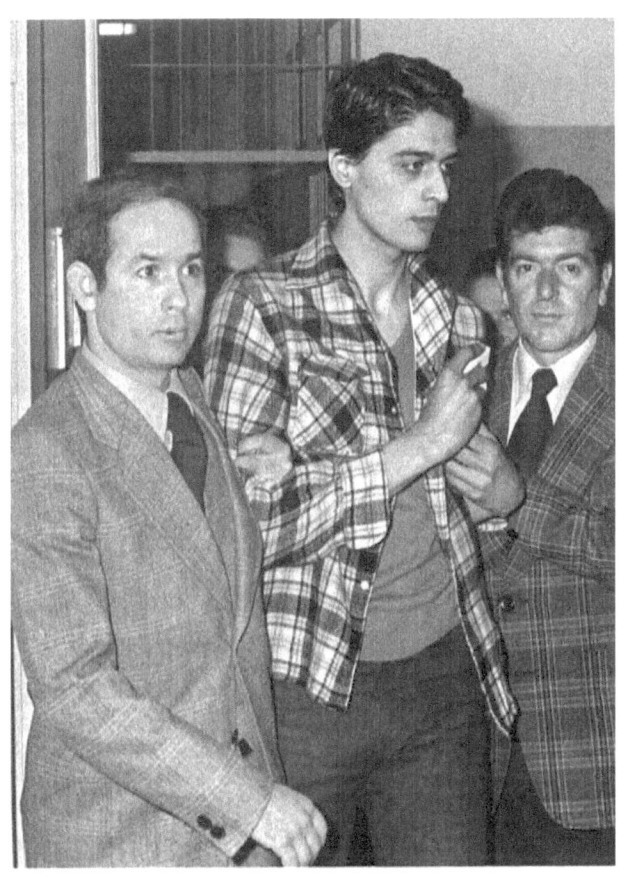

*Giorgio Invernizzi, uno dei due assassini.*

come un frivolo prodotto dell'educazione borghese.
E' morta una ragazza, ma non c'è sesso come nell'orgia del Circeo nella quale i tre pariolini Angelo Izzo, Andrea Ghira e Giovanni Guido hanno massacrato Rosaria Lopez e senza morbosità il fatto non tiene a lungo le pagine dei giornali. E' un delitto dai tratti palesemente machisti, ma ne ha fatto le

spese "una di loro" e dunque le femministe non si sentono offese "come donne", non scendono in piazza e non presidiano il tribunale. «In fondo ben le sta, così impara a fare la puttanella con i fasci» dirà una di loro davanti alle telecamere.

# Alessandra. Il giallo della Madonnina

Certi racconti di Psyco mettono i brividi. Sarà perché ho una figlia poco più grande, ma quest'ultimo episodio della Milano criminale mi ha dato un pugno nello stomaco.
Sembra incredibile che nello spazio di pochi metri possano convivere tragedie e bellezze, che alcuni uomini possano partorire opere straordinarie mentre al loro fianco passano mostri imperturbabili che distruggono il senso della civiltà. Un mistero che nessun criminologo e nessuna storica dell'Arte possono svelare.
A proposito di misteri, ce n'è uno che tiene col fiato sospeso il mio amico ed è il giallo della Madonnina e della Gran guglia.
Il caso vuole che un anno fa, sia stata inaugurata una mostra che aveva la pretesa di ricostruire la storia della Madonnina, emblema di Milano nel mondo. All'apparenza non mancava nulla. C'era il busto ligneo originale, servito da modello per realizzare la versione dorata e la prima alabarda impugnata dalla Madonnina e forata da un fulmine. Si poteva anche ammirare la vecchia struttura in ferro che un tempo sosteneva la statua, andata in pensione quando è arrivata quella in acciaio. Dulcis in fundo, alla fine del percorso, potevi goderti una proiezione composta da un fuoco d'artificio di scatti del nuovo skyline della "città che sale", firmati Gabriele Basilico, fotostar di fama internazionale.
Un minestrone ricco d'ingredienti, di nomi e cognomi più o meno noti, escluso l'unico che, speravo, venisse

inserito: quello di Francesco Croce, ideatore e artefice del simbolo più amato e noto di Milano, quella Gran guglia, prodigio di architettura almeno come la Mole, sulla quale la Madonnina svetta.

Un silenzio incomprensibile, e sarebbe rimasto tale anche per me se non fosse che, da quando ho messo piede in questa città, ho collezionato una serie incredibile d'incontri, ognuno dei quali ha contribuito a farmi conoscere Milano come se ci fossi nata e cresciuta.

Nei posti più impensabili ho conosciuto un discendente dell'amante della Monaca di Monza; la fondatrice di Linus, la rivista che ha accompagnato l'adolescenza della mia generazione; la figlia del fondatore del Museo della Scienza e della Tecnica, che mi ha fatto dono di una ridda di notizie che non avrei messo insieme neanche in anni di vita trascorsi in biblioteca e un pronipote di Cristina di Belgiojoso.

Tra le persone nelle quali mi sono imbattuta, c'è posto anche per un industriale, ormai in pensione, con il pallino per l'arte e la storia milanese, Marco Castelli, classe 1939, che mi ha spalancato le porte dell'oscuro e affascinate mistero della Madonnina.

Nel mezzo di una discussione sullo spostamento del cavallo di Leonardo, dall'attuale sede di fronte all'ippodromo ad una più consona nel centro storico, mi ha mostrato un libricino che recitava sul frontespizio: *Il caso Croce. Un delitto mediatico all'ombra della Madonnina.*

Sulla copertina un dettaglio delle guglie e tre personaggi stilizzati, vestiti alla Mozart. Delitto, Francesco Croce, Madonnina. Tre parole che, raggruppate, innescavano la mia curiosità e la mia immaginazione.

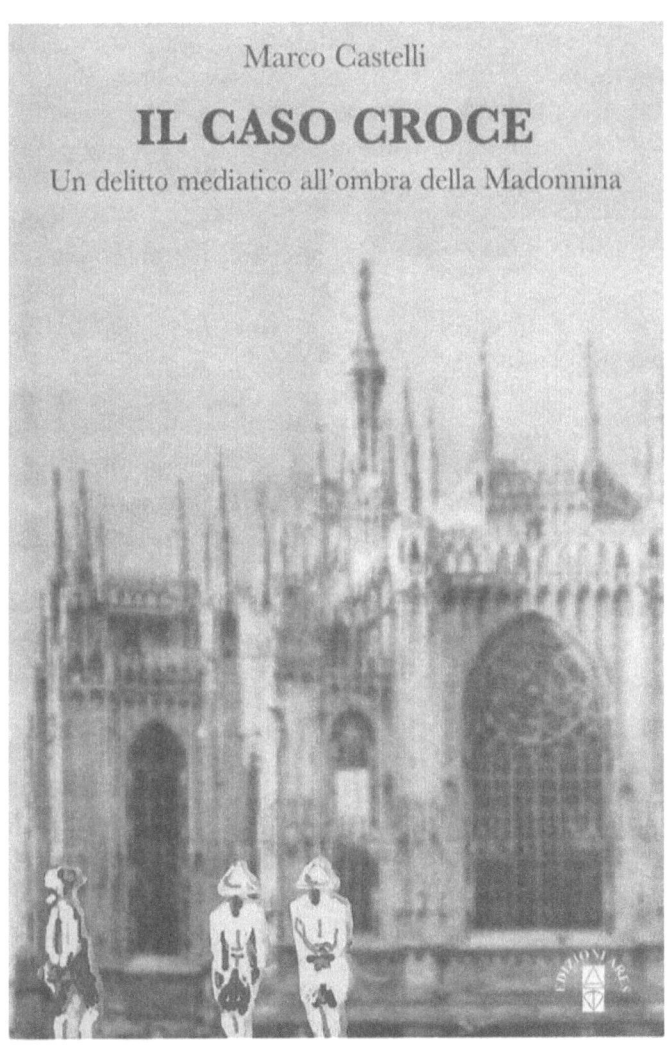

*Particolare della copertina del libro di Marco Castelli, Il caso Croce. Un delitto mediatico all'ombra della Madonnina. Castelli ha dedicato svariati anni alla ricerca e alla raccolta di documenti per scrivere questo libro. Una storia appassionante, che incolla alla poltrona fino all'ultima pagina.*

Inutile dire che l'argomento di conversazione ha registrato una fulminea strambata a favore del caso Croce, con sommo disappunto dell'ingegner Castelli, ben più interessato a trovare una valida sponda per mettere in atto l'epocale trasloco del cavallo.
Dopo averlo sommerso di domande, ho chiosato annunciando all'ingegnere che il caso meritava di essere approfondito e che, se lui fosse stato d'accordo, ne avrei fatto argomento di uno dei miei prossimi incontri.
Nel frattempo, se era possibile, sarei stata felice di possedere una copia del libro per leggerlo. Benché onorato da tanto interesse, la sua preziosa copia non me l'ha concessa. Forse perché non avevo preso abbastanza sul serio la storia del quadrupede. Ognuno ha i suoi feticci e visto che io ne ho tanti non mi metto a sindacare su quelli altrui.
Fatto sta che per casi del destino ne sono ugualmente venuta in possesso tramite un eccentrico scultore, Fabius Tita. Ottenerlo non è stato per nulla facile.
Ho dovuto scovare il suo laboratorio-studio ad un indirizzo quasi sconosciuto di corso Garibaldi, all'interno di un dedalo di cortili che assomigliano vagamente ad una corte dei Miracoli. Si, perché Milano è la patria di queste strane città nella città, di questi borghi oscuri che grondano storie affascinanti.
La porta d'ingresso sembrava quella del sommergibile del capitano Nemo. Dentro, un ammasso di ferri e metalli, d'ogni genere e natura, che ad intervalli irregolari si raggrumano fino a formare impossibili sculture. Androidiane presenze che non ammettono mezze misure: o ti attraggono o ti repellono.
Uomo di parola, oltre che d'ingegno, Tita mi ha

accolta con *Il caso Croce* in una mano e nell'altra un bicchiere di ferro, che si protendeva verso di me come il calice del Santo Graal. Colmo di vino rosso, nemmeno a dirlo, di un sapore vagamente ferruginoso. Sorseggiata la mistura infernale, ho preso il libro agognato come se si fosse trattato di un manoscritto di Beda il Venerabile e tornata a casa l'ho divorato in una notte.

Ecco in breve i fatti. Tutto ha inizio nel 1783, quando l'allora direttore della neonata Accademia di Brera, il bolognese Carlo Bianconi, rampante erudito quarantaseienne, decide di dare alle stampe la *Nuova guida di Milano,* pensata e voluta *per fornire i buoni modelli ai giovani studenti dell'Accademia e agli amanti delle belle arti.*

Nulla di disdicevole se non fosse che, non solo il fellone non ha la buona creanza di firmarla ma, descrivendo in lungo e in largo il Duomo omette, più o meno di proposito, ogni riferimento all'autore della Gran guglia e della statua che la sovrasta. Una censura terribile che, a partire da quello scritto, fa calare un fitto velo di silenzio su Francesco Croce, reo di essere uno degli ultimi esponenti di quel Barocchetto lombardo, giudicato dal censore troppo "*rocaille e parruccone*" e dunque contrario al rinnovato amore per il nitore classico, inaugurato da Winckelmann, che spalancherà le porte allo stile noto a tutti come Neoclassicismo. Quella Gran guglia, alla quale Croce aveva iniziato a lavorare nel 1765 alla veneranda età di sessantanove anni, per finirla nel 1772, era troppo arzigogolata per poter essere inserita in un libro che aveva come pretesa quella di indicare i nuovi modelli da seguire in campo artistico.

Secondo l'autore quell'ardita e coraggiosa impresa

architettonica doveva essere censurata a tutti i costi.
Come fare? Finché si trattava di scriverne o non scriverne all'interno di una guida, la dimenticanza era sospetta, ma tutto sommato praticabile. Celarne la vista era operazione più complessa, visto che era già bella che finita e visibile da ogni dove.
A volte però il destino è beffardo e quel che sembra impossibile, per una serie di sfortunate coincidenze, diventa realtà. Nel 1783 muore il cardinal Pozzobonelli, amico e sostenitore del Croce, fin dalla prima ora potente sponsor della guglia e della statua dorata, lasciando il canuto architetto senza protezione. L'imperial regio Cancelliere Wenzel von Kaunitz - fondatore e principale promotore del Catasto teresiano, prima opera di mappatura completa della superficie del ducato lombardo - neoclassicista convinto, con la complicità dei nuovi capi della Veneranda fabbrica del Duomo, decide che il primo passo da compiere è stendere un pesante velo di silenzio sulla guglia di Croce. Se non si può abbatterla, almeno s'ignori.
È bene ricordare che a quella data, in tutta Europa, circolano delle stampe incise nel 1728 che rappresentano il Duomo già finito, con una massiccia guglia di coronamento. Opere di pura fantasia dal momento che la Fabbrica era un cantiere a cielo aperto e che, nel 1728, mancava perfino la facciata. Insomma, una sorta d'operazione di marketing, tesa a vendere ciò che ancora non esisteva, un po' come i rendering del ponte sullo stretto di Messina, che si possono scaricare da Internet. Oltre a non descrivere l'esistente, bisognava pure nascondere quelle incisioni.
L'autore della guida (Carlo Bianconi), escogita,

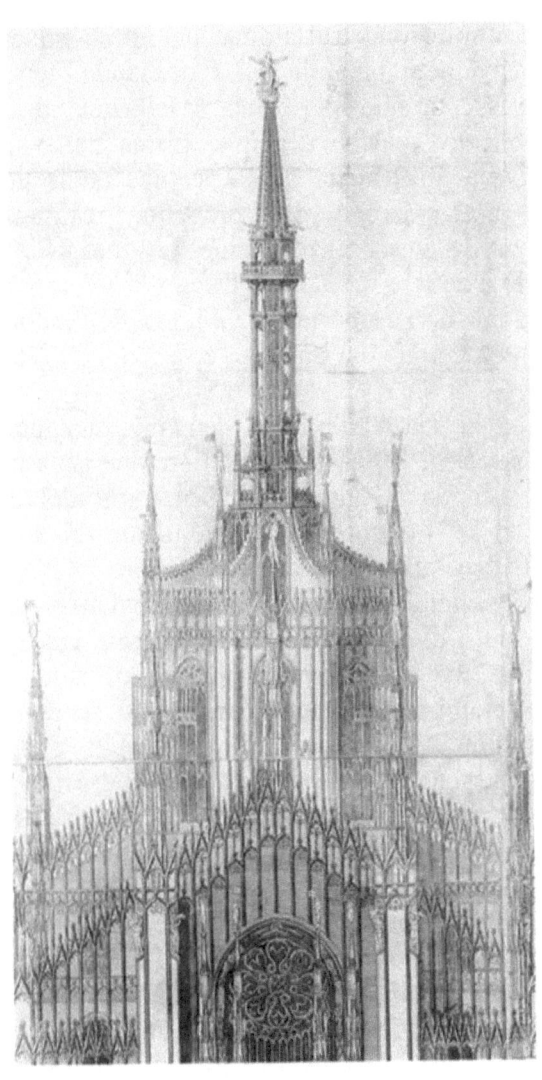

*Progetto della Gran guglia di Giuseppe Croce, ridisegnato nel 1843 dall'architetto Piero Pestagalli, direttore della fabbrica del Duomo a seguito della scomparsa di quelli originali.*

dunque, una soluzione truffaldina: cucire su misura una granitica e inoppugnabile tesi. Cambiando i tempi dei verbi e facendo una spericolata rivisitazione di un testo, pubblicato qualche decennio prima della sua guida, arriva a giustificare quelle stampe come una "ingenua" anticipazione del progetto, realizzato tempo dopo da maestranze maldestre, incapaci di interpretarlo a dovere.

Nella sua guida non è riportato né il nome dell'autore, Francesco Croce, né la data di costruzione 1765-1772.

La guglia e la sua Madonnina vengono inaugurati quasi di nascosto e senza alcun clamore, la prima nel 1772, la seconda in una fredda mattina del 30 dicembre del 1774. Il sordido complotto consumato ai danni di Croce, all'ombra di quel pinnacolo per il quale aveva sfidato altezze vertiginose, scalando ogni giorno 64 metri di cantiere, come un morbo tenace e indistruttibile, ha attraversato indenne 250 anni di storia, per piombare nel nuovo millennio senza il benché minimo segno di cedimento. Un delitto mediatico perfetto. Ho provato personalmente a navigare su siti, aprire guide turistiche, di vario genere e livello, alla disperata ricerca di quel nome. L'unica nella quale l'abbia trovato è quella rossa del Touring, che a pagina 152 recita laconicamente: «Nel 1765-69 Francesco Croce corona il tiburio con la guglia maggiore, sulla quale viene innalzata nel 1774 la Madonnina». Niente di più, niente di meno.

Ma come, vengono da tutte le parti ad ammirare la Gran guglia con Madonnina e non c'è scritto da nessuna parte chi l'ha fatta e ne ha reso possibile la collocazione?

Lo sfortunato Croce, un cognome un destino, ha

portato la sua per secoli senza diritto di replica o difesa. Un povero Cristo colpevole di aver progettato e costruito nel momento sbagliato.

Eppure, senza la sua idea, chissà se il Duomo sarebbe diventato quello che è, una superba cattedrale, invidia e stupore di mezzo mondo, capace di sfidare intemperie e bombardamenti, sopravvivere fino ad oggi ai suoi detrattori, dei quali la storia ha sotterrato i nomi sotto uno spesso strato di polvere.

Quella che spero cada su un altro delitto che sta per abbattersi sulla cattedrale: il progetto dell'ascensore hi-tech. Un tubone di cristallo che promette di essere panoramico, smontabile e a impatto zero.

Ma come a impatto zero? Da quando è lecito trasformare una Cattedrale in un lunapark stile Disneyland? Commissionato in vista dell'Expo dalla Veneranda Fabbrica che con questo progetto "punterebbe a risolvere sia gli annosi problemi di flussi in ascesa, sia quelli di agibilità ai diversamente abili", il bidone aspira turisti dovrebbe essere agganciato sul lato nord dell'abside -"senza intaccare in nessun modo il sottosuolo e la costruzione".

Eppure a me par di aver letto esattamente il contrario: per costruirlo si dovrà scavare per oltre 30 metri sotto terra. Come al solito in Italia la mano destra non sa quello che fa la sinistra.

Dicono sia tutto temporaneo. Dicono che al termine dell'Expo sarà smontato e tutto tornerà come prima. Sarà, ma nei disegni della Veneranda pare sia incluso anche l'allestimento di un ristorante caffè sulla terrazza, nemmeno fosse il roof-garden di un albergo, con vista sul mare di guglie.

Roba da chiodi, altro che Croce!

Se il bidone aspiratutto dovesse passare – come temo – è proprio vero che non c'è più religione.

## Luca. Il mostro

Bidone aspiratutto? Bella definizione. Questa chiacchierata spezza il luogo comune secondo il quale a lamentarsi delle novità sono sempre i milanesi, mentre chi viene da fuori sarebbe più propenso al cambiamento. Su certi argomenti difficile non trovarsi d'accordo e per inciso anche a me questo progetto sembra una stupidaggine.
Stiamo camminando da ore. Strana cosa, in una città nella quale pochi amano camminare. Com'è noto, difficilmente incontrerete qualche milanese che ammetta candidamente: «Sto andando a zonzo di qua e di là». Credo sia vietato dal regolamento comunale. Pare brutto, da nullafacenti, bighellonare in giro senza una meta precisa. Il milanese non cazzeggia. Il milanese fa. Se proprio deve abbandonare l'auto ha un compito ben preciso, un obiettivo dichiarato, sta andando da qualche parte: in ufficio, ad un appuntamento, dall'amante, all'Esselunga.
Eppure questo passo così lento, al quale sono poco abituato, sta iniziando a piacermi.
Imbocchiamo via Torino. Una sfolgorante scia di led illumina le vetrine dello shopping nazional-popolare e ci inghiotte con i suoi colori. Ma è sufficiente abbandonare la strada maestra ed infilarsi in una delle traverse laterali per scoprire un dedalo di viuzze tortuose, tanto affascinanti quanto poco frequentate.
Prima di giungere a Largo Carrobbio (che significa incrocio di più strade, giusto per far notare che non è solo la signorina Filippi Sotuttoio a conoscere questi dettagli) incrociamo sulla destra via Valpetrosa, via

San Maurilio e la stretta via Bagnera, quasi un passaggio segreto verso via Santa Marta.
Il Manzoni nei Promessi Sposi descrive il Carrobbio e l'area limitrofa come una delle zone più malfamate di Milano dove trovavano rifugio briganti, truffatori e prostitute, insieme a tutti coloro che volevano nascondersi dall'Autorità costituita. Il quartiere dunque mi calza a pennello. Come criminologo, non come latitante. Nel corso dei secoli le due torri che affiancavano la porta Ticinese hanno visto di tutto: dalle sofferenze di un antico lebbrosario fino alle torture di un tribunale dell'Inquisizione nel quale si celebrava il sadico rito delle ordalie, mezzo di prova assai poco scientifico con il quale si riteneva di poter determinare colpevolezza o innocenza del malcapitato finito sotto le sgrinfie dei giudici in abiti talari. Non c'è da stupirsi che il Diavolo, nei ristretti pertugi del quartiere, si sia sempre trovato a suo perfetto agio. Ed era pure in buona compagnia. Nella limitrofa via Nerino, al numero 2 per essere precisi, ha vissuto Antonio Boggia, un uomo che a Satana sicuramente sarebbe risultato simpatico. Vale la pena ricordarne le gesta. Nato a Urio sul lago di Como, nel 1799, in giovane età aveva abbandonato le bellezze lacustri per scappare nel vicino Regno di Sardegna inseguito da denunce per truffa e da una corposa risma di cambiali non onorate.
Spostare la residenza non aveva tuttavia portato un gran giovamento alla sua posizione giudiziaria. All'età di 25 anni, i guai si erano ripresentati sotto forma di un'incriminazione per rissa e conseguente tentato omicidio.
Per farla breve aveva avuto da ridire anche con le leggi franco-savoiarde ricevendone in cambio una

pena da scontare presso una prigione locale, terminata allorché il Boggia aveva saggiamente pensato che, data l'accoglienza sul suolo piemontese, gli sarebbe convenuto approfittare di una rivolta e darsela a gambe per tornare nel Lombardo Veneto.
Questa volta però aveva preferito l'anonimato della grande città.
Le vicende internazionali del resto gli avevano teso la mano, giacché, tra francesi da una parte e austriaci dall'altra, notoriamente non scorreva buon sangue, con la conseguenza di scarse o nulle collaborazioni in tema di sicurezza. Anzi, per dirla tutta, sia gli uni che gli altri scaricavano volentieri al vicino i più indesiderati tra i propri connazionali.
Vispo e intelligente, durante il soggiorno all'estero non era stato con le mani in mano e oltre ad aver imparato a lavorare con mattoni e cazzuola aveva approfittato dell'amicizia carceraria con un militare austriaco per acquisire qualche rudimento della lingua tedesca.
Sia le conoscenze nelle tecniche di costruzione che linguistiche gli saranno molto utili, allorché si presenterà a Milano in cerca di lavoro. Con le seconde riuscì a farsi assumere a palazzo Cusani, sede del Governo Austriaco, in qualità di fochista, divenendo presto lo stimato responsabile del complesso sistema di riscaldamento, dal quale dipendeva gran parte del confort della guarnigione durante i freddi mesi invernali. In quanto al lavoro di muratore, beh...vedremo che saprà utilizzare anche quello. Tempo al tempo.
Quando non lavorava a palazzo, il Boggia si occupava dello stabile di via Nerino nel quale abitava, con una solerzia ed una dedizione che, agli occhi

degli inquilini, pareva pure eccessiva.

Le cose andavano decisamente bene. Il Boggia trovò anche il tempo per sposarsi e per restare presto vedovo, con un bel gruzzoletto di rendita proveniente da alcuni boschi appartenuti alla moglie.

Purtroppo la politica incombeva ancora sulla vita del nostro. Quando nessuno si ricordava più delle marachelle giovanili e l'uomo si avviava serenamente verso i cinquant'anni, le monarchie europee rimescolarono le carte, annettendo Milano e tutta la Lombardia al Piemonte. In sostanza era scappato da una parte per ritrovarsi i persecutori sotto casa.

Per somma delle disgrazie, il 17 giugno 1859 a palazzo Cattaneo, in via della Moscova, viene istituita l'arma dei carabinieri che avrà tra le altre incombenze le indagini e la repressione del crimine comune.

L'opportunità di parlare con i gendarmi è subito sfruttata da un certo Giovanni Mourier, decoratore e artista di poca fama, che secondo le malelingue attende con ansia di ereditare l'intero stabile di via Nerino, del quale la madre è proprietaria.

Il 26 Febbraio 1860, il Mourier si reca dai carabinieri per denunciare una serie di circostanze strane e, a suo giudizio, sospette.

Primo problema: la mamma Ester Perrocchio di 76 anni, da mesi, non dà più notizie di sé. Vero è che i rapporti tra madre e figlio non sono dei migliori, giacché la prima non gradisce le attitudini artistiche del figlio e la sua continua questua, ma insomma, da qui a non mandare nemmeno una cartolina...

Come se ciò non bastasse, portavoce e amministratore dei molti beni della signora si è autonominato Antonio Boggia che, da factotum, si è trasformato in despota degli affittuari, tanto che "pare lui il padrone"

L'ex fochista fu convocato in caserma dove spiegò che la Perrocchio, prima di ritirarsi nel Comasco, gli aveva lasciato regolare procura, controfirmata da un notaio locale, insieme alla richiesta di non rivelare il luogo del proprio buon ritiro. Ma c'era dell'altro. La donna si era anche raccomandata che, in segno di riappacificazione col figlio, benché palesemente ingrato e pure un po' grullo, il Boggia gli riservasse il miglior appartamento del palazzo, proprio quello che il brav'uomo stava, con tanta fatica, ristrutturando.

C'era di che vergognarsi per aver dubitato di un uomo così onesto e generoso. L'unico che non arrossì fu un certo giudice Crivelli, il quale volle vederci un po' più chiaro su tutta la faccenda e s'incaricò di un supplemento d'indagine su quella misteriosa scomparsa.

Non che dissolversi nel nulla, essere vittime d'incidenti o galleggiare nei Navigli in qualità di cadaveri, fosse così raro nella Milano ottocentesca. Tuttavia, per rispetto all'età della signora, parve necessario al giovane procuratore approfondire quella strana vicenda.

Non ci volle molto per scoprire i trascorsi piemontesi del Boggia. Non solo. Si scoprì anche un ulteriore tentativo di omicidio, ai danni di un tale Comi al quale l'amministratore di via Nerino, in preda a raptus inspiegabile, aveva tirato anni addietro un colpo di scure sul coppino costringendo il poveretto a girare da allora con un'antiestetica calotta d'argento tesa a rafforzare le ossa del cranio.

Una brutta storia che era rimasta sommersa tra le carte della ormai disciolta Guardia di Pubblica Sicurezza, ma che aveva causato al Boggia l'internamento per due anni in un manicomio.

Il giudice Crivelli ritenne che valeva la pena salire in carrozza e sorbirsi un viaggetto fino a Como.

Tra molti imbarazzi il notaio Bolza, firmatario della procura, dovette confessare che, in effetti, dietro sostanzioso compenso aveva chiuso un occhio o forse due sulla capacità di intendere e di volere della signora presentatasi nel suo studio insieme al beneficiario.

Anzi, per dirla tutta, la signora che si era qualificata come Ester Perrocchio, sembrava avere parecchie rotelle fuori posto. Al giudice parve per lo meno strano che la donna, considerata da tutti assai scaltra e intelligente, si fosse rimbambita nel breve tragitto che da Milano l'aveva portata a Como.

Qualche cosa non quadrava. Iniziò a quadrare quando il giudice scoprì che il sospettato aveva un'anziana cugina ricoverata per demenza senile in un ospizio e che questi, proprio il giorno della firma sulla famosa procura, l'aveva prelevata e accompagnata, a fare una bella gita sul lago.

A tutto ciò andava aggiunto che alcuni inquilini di via Nerino avevano visto il Boggia armeggiare in un magazzino dell'adiacente via Bagnera con sacchi da muratore, mattoni e sabbia.

Non restava che dare un'occhiata al polveroso locale.

Una nicchia murata di fresco, risuonava stranamente vuota. Il corpo dell'anziana apparve all'improvviso: uno scheletro in avanzato stato di decomposizione, che reggeva in braccio la propria testa orrendamente mutilata.

Tracannato qualche bicchierino di cordiale per superare lo shock, il giudice Crivelli, insieme ad un nutrito gruppo di gendarmi, si diresse verso lo stabile nel quale abitava il presunto assassino per procedere

all'arresto e perquisire a fondo tutto il caseggiato.
Le sorprese non erano finite. Da una scrivania emersero altre due procure.
La prima riguardava un certo Angelo Serafino Ribbone, manovale e compaesano che, come risultò da alcune testimonianze, aveva per un certo periodo lavorato con il Boggia. *Ça va sans dire*, anche di lui si erano perse le tracce.
Il foglio di carta bollata autorizzava l'ex fochista, l'ex capomastro, l'ex amministratore e l'ex uomo libero a prelevare gli averi del Ribbone, custoditi sotto il fatidico materasso, da una vecchia parente.
Bisognava, dunque, aprire una nuova inchiesta e sobbarcarsi un altro viaggio, questa volta fino ad Urio, dove l'anziana donna viveva.
Alla vista dei carabinieri la contadina, munita secondo tradizione di cervello assai fine, trasecolò e con tutta probabilità si arrabbiò pure. Per usare un educato eufemismo. Spiegò che il Boggia si era effettivamente presentato a casa sua munito di una carta scritta, ma che lei non era certo caduta nel tranello. Intanto, perché non sapeva leggere e dunque della procura non le poteva importare di meno; in secondo luogo, perché la logica le diceva che se il legittimo proprietario avesse desiderato riavere i propri soldi sarebbe venuto lui stesso a reclamarli e non avrebbe mandato quello sgarbato signore di città.
Alla prima insistenza aveva chiuso la porta, al ritorno dell'uomo era passata alle male parole, alla terza aveva caricato il suo vecchio archibugio con pezzi di sale grosso e aveva abbrustolito il deretano del fastidioso questuante.
Sarebbe andato tutto bene se non fosse stato per un particolare. Dopo l'esplosione, il Boggia si era

ripresentato scortato da un corteo di carabinieri locali i quali avevano intimato "in nome della legge" alla testarda vecchina la consegna del piccolo capitale, nelle mani del voglioso beneficiario.
Di fronte a questo racconto il giudice deve aver alzato gli occhi al cielo e forse deve essersi chiesto se non originassero da questo episodio le gustose barzellette sugli uomini con pennacchio che già da allora si potevano ascoltare in molte osterie del Regno.
Fatto sta che del Ribbone e dei soldi nemmeno l'ombra.
Nella casa del Boggia c'era però un'altra procura. Riguardava un nome che ai milanesi, se non altro a quelli amanti del fai da te e del bricolage, è molto noto e che campeggia ancora oggi sulla vetrina di via San Sisto: Meazza, il ferramenta più famoso della città.
Pietro Meazza aveva una bottega di viti, chiodi, bulloni e attrezzi vari, che a quei tempi non versava in buone condizioni economiche. Vero è che Antonio Boggia rappresentava un ottimo cliente, ma ciò non bastava a risollevare le sorti del negozio.
Nessun problema. Tra l'acquisto di una cazzuola e l'altra, il funambolico fochista l'aveva convinto che, grazie alle sue conoscenze, non avrebbe avuto difficoltà a trovare chi rilevasse l'attività. Per esempio conosceva un certo Angelo Serafino Ribbone che sicuramente si sarebbe procurato il contante per acquistarlo a buon prezzo.
Era sufficiente che il Meazza gli firmasse un documento che lo investisse del ruolo di venditore ufficiale e poi si levasse dai piedi.
Meglio lasciar fare al Boggia. Infatti il ferramenta si era ben tolto dai piedi. Così bene che non lo trovava

più nessuno.

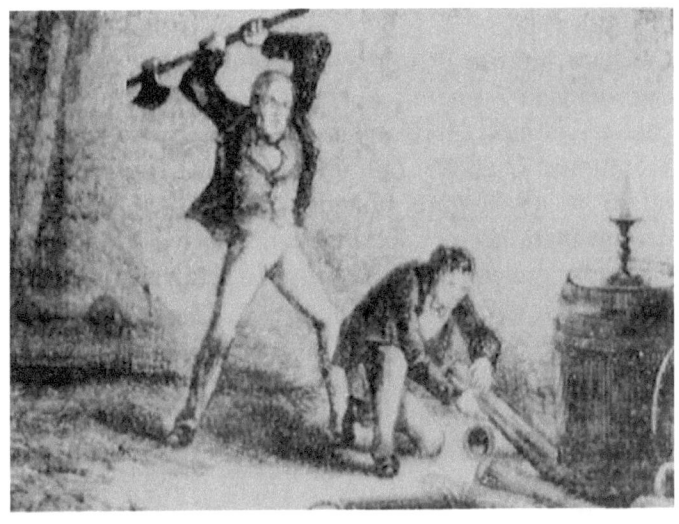

*Antonio Boggia in azione in una stampa popolare.*

Messi insieme tutti i tasselli dell'inchiesta, al giudice non restava che l'ingrato compito di restituire i cadaveri alle loro famiglie. Ma dove cercare?
Il magazzino era ormai un cumulo di macerie nel quale non si sarebbe trovato nemmeno un gatto morto. Dove diavolo aveva occultato i corpi del Ribbone e del Meazza quel demonio del Boggia?
Grazie alle testimonianze degli abitanti del quartiere si venne a sapere che, pertinente al negozio di ferramenta, vi era anche una cantina, sempre situata nella strategica via Bagnera.
Il Meazza la utilizzava come magazzino e vi teneva il

carbone con il quale scaldava la bottega. Naturalmente aveva dato le chiavi all'improvvisato agente immobiliare, affinché la facesse visionare da ipotetici clienti. Era la traccia che il giudice attendeva.

Con un nutrito gruppo di corpulenti carabinieri improvvisatisi operai, aprì l'antro dell'orco, sicuro che quei muri nascondessero la tomba dei due sventurati. Qualche dubbio sull'esito della ricerca iniziò a serpeggiare quando ci si rese conto che nessun mattone perimetrale suonava a vuoto. Eppure il sempre più ansioso Crivelli se lo sentiva: i cadaveri erano lì. Dovevano essere lì.

Mentre le ore passavano e aumentava la folla di curiosi accorsi sul posto, il sopralluogo non dava gli effetti sperati. Nell'inferno di polvere, carbone, terra e intonaco che rendevano l'aria irrespirabile non si faceva un solo passo avanti. Il giudice ormai depresso lasciò il passo al comandante dei carabinieri che forse avrebbe saputo stimolare meglio i propri uomini nel continuare il faticoso lavoro e se ne tornò in Tribunale, maledicendo il giorno nel quale la sua strada aveva incrociato quella del mostro di via Bagnera.

La cantina, priva di finestre, era ormai una camera a gas nella quale la staticità del soffitto era messa a dura prova dai grossi fori praticati nei muri portanti.

Niente da fare. Quel furbacchione doveva aver pensato a qualche cosa di diverso per tumulare i cadaveri.

Capirlo era una cosa, ma farlo accettare anche al comandante, affinché desse l'agognato alt ai lavori, era tutta un'altra faccenda.

«Con rispetto signor comandante, qui crolla tutto».

«Silenzio e lavora».

«Non voglio insistere, signor comandante, ma qui facciamo la fine dei topi». «Silenzio e lavora».

«Mi scuserà signor comandante, ma di cadaveri nean....». Il sottoposto non fece in tempo a terminare la frase allorché l'ennesima mazzata provocò la scomparsa, in una nebbia di detriti, della sagoma del comandante.

Un urlo accompagnò la visita del graduato al piano inferiore. Il pavimento celava un sottofondo fatto di assi e coperto di terra, nel quale il pennacchio del carabiniere si era inabissato. Insieme a tutto il corpo. Un secondo urlo ben più potente del primo squarciò l'aria pesante. Quando si fece luce con le lampade a petrolio comparve una scena spettrale. Il poveruomo si dimenava nel tentativo di sfilarsi dalla gamba il costato putrefatto e macilento di una delle salme. Non restava altro da fare che aiutarlo a rimettersi in pace col Signore e sollevare ciò che restava del tavolato. Ma evidentemente non era proprio giornata: le sorprese non erano finite. Un'imprecazione deve essere uscita dalla bocca del giudice richiamato sul posto d'urgenza: i carabinieri avevano estratto i corpi e li avevano depositati all'esterno della cantina.

Ma per quanto li contassero e ricontassero i corpi restavano sempre tre al posto dei due che avrebbero dovuto essere. Una carneficina. E l'ennesima inchiesta da aprire.

Nemmeno si poteva confidare sull'aiuto del Boggia che, rinchiuso a San Vittore, interpretava benissimo il ruolo del pazzo, unico modo per risparmiarsi la corda del boia. Girava nudo per la cella, alternava salmi biblici a parole senza senso, si diceva posseduto dal demonio, parlava di una voce interiore che gli aveva intimato di uccidere. Insomma le provava tutte, ma senza un gran successo. Al carcere accorse anche un giovane antropologo di nome Cesare Lombroso, che già pregustava il possesso di quell'interessante cranio per poterlo spolpare e misurare in ogni anfratto. Al giudice Crivelli della fisiognomica, della frenologia e del darwinismo sociale fregava poco o nulla, ma avrebbe dato un braccio per chiudere il fascicolo con sopra il nome maledetto. Ormai il dottor Jekyll milanese era sulla bocca di tutti e i cittadini che avevano un parente o conoscente che risultasse irreperibile, facevano la coda davanti a palazzo Cattaneo per fornire elementi utili ad identificare il cadavere misterioso. Tra le tante segnalazioni ne arrivò una interessante. Un uomo che aveva fornito i suoi servigi agli occupanti austriaci di palazzo Cusani e che dunque conosceva bene il Boggia, era sicuro di averlo visto al Monte di Pietà in occasione di un'asta giudiziaria in compagnia di un altro conoscente, tale Giuseppe Marchesotti, commerciante di granaglie all'ingrosso. Guarda caso, il 15 gennaio 1860, la madre di quest'ultimo aveva sporto denuncia per la sua scomparsa. Prima di svanire nel nulla l'uomo aveva però prelevato i suoi beni dalla banca e aveva confidato alla donna di avere un buon affare in testa. Testa che, sospettavano gli inquirenti, era poi rotolata nel sottopavimento di via Bagnera. Tutti i tasselli finalmente erano al loro posto.

Date le premesse, il processo, iniziato il 18 novembre 1861, fu solo una formalità e un vero spettacolo per i pochi fortunati che messisi in coda fin dalla notte precedente, erano riusciti a conquistare un posto in prima fila nell'aula giudiziaria.

Dopo soli cinque giorni di dibattimento la Corte lesse

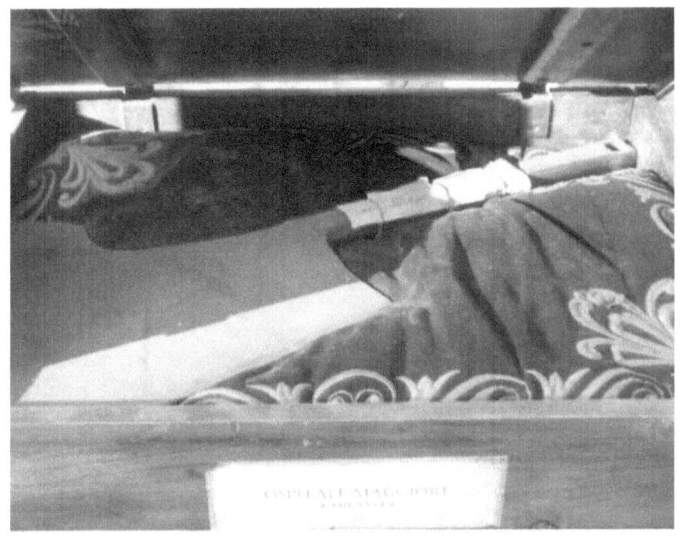

*L'ascia utilizzata da Antonio Boggia, ritrovata tra i reperti dell'Ospedale Maggiore.*

il fatidico verdetto: pena di morte mediante impiccagione. Si trattò dell'ultima pena capitale comminata a Milano, fino alla sua reintroduzione in epoca fascista.

Prima di mettere la parola fine alla vicenda del mostro della Bagnera, come ormai tutti chiamavano Antonio Boggia, c'era però un ultimo problema da risolvere: in città mancava un boia. Per la verità, la legge ne richiedeva ben due, nel caso uno, per scrupolo o per malessere, si fosse trovato sul più bello nell'impossibilità di aprire la fatidica botola.

Dopo varie ricerche si trovarono due professionisti, uno di Torino e uno di Parma e fu possibile procedere

all'esecuzione.
All'alba del 9 aprile 1862 una folla di curiosi, sfaccendati e fieri giustizialisti fecero da corteo al carro che usciva dal portone del carcere di San Vittore per portare il condannato al patibolo. Il corpo fu sepolto, mentre la testa fu messa a disposizione dell'Ospedale Maggiore e successivamente affidato a Cesare Lombroso, che con grande gioia ne trasse la conferma delle sue teorie circa il delinquente nato.

## Alessandra. Draghi, eroici cavalieri e criminologi testoni

Psyco non mi ascolta quando parlo. Il palazzo imperiale viene ampliato, a partire dal 286 d.C., da Massimiano, prima Cesare e poi Augusto dell'impero romano, e non da Diocleziano! È vero che i due si sono frequentati parecchio e che forse il secondo ha adottato il primo, ma è bene dare a Cesare quel che è di Cesare, e a Massimiano quel che è di Massimiano.
Tra l'altro, il poveretto non ha nemmeno fatto una bella fine.
Dopo aver dotato Mediolanum del circo più grande e spettacolare dell'epoca, del quale resta una delle imponenti torri dei *carceres,* che delimitavano la linea di partenza delle bighe (oggi trasformata nel campanile del convento di San Maurizio Maggiore); dopo avere cinto la città di possenti mura, che hanno resistito a tutto tranne alla furia del Barbarossa; dopo aver eretto un mausoleo fuori porta (dove oggi c'è il Museo della Scienza e della Tecnica), che doveva contenere le sue spoglie e il cui sarcofago in porfido è oggi il fonte battesimale del Duomo; costruito un complesso termale da far invidia a quello di Diocleziano a Roma, del quale non resta che un timido avanzo in largo Corsia dei Servi, viene costretto al suicidio da Costantino il grande.
Già, proprio lui, il "pio imperatore", immortalato nel celebre affresco di Piero della Francesca ad Arezzo, mentre con una mano istiga alla morte il suo collega e con l'altra firma il celebre editto di Milano.
E dove viene redatto? Qui, nel palazzo imperiale, a

pochi passi dalla stretta Bagnera, tanto cara a Psyco. C'è una targa che ricorda l'avvenimento, situata dentro la chiesa di San Giorgio al Palazzo che affaccia su via Torino, costruita sulle sue rovine e che per questa ragione ne conserva la memoria nella denominazione. Come sempre in questa città il diavolo e l'acqua santa convivono che è una bellezza!

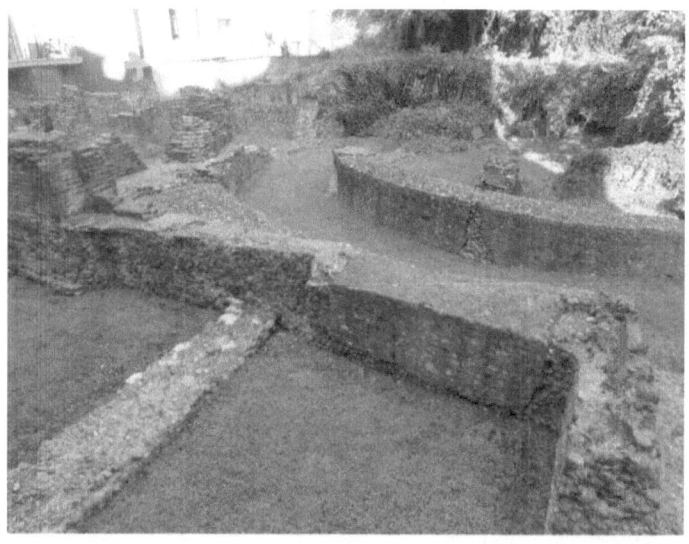

*Resti archeologici del Palazzo Imperiale in via Brisa.*

«L'ho ben detto che in tutta Milano si respira aria di zolfo», interviene Psyco.
Proprio vero. Pensa alla colonna di Sant'Ambrogio e alla storia di Satana che cerca inutilmente di tentare il nostro piccolo vescovo barbuto, per distoglierlo dai

suoi compiti pastorali. Sono andata a fare un sopralluogo per sincerarmi della veridicità della leggenda e, sebbene non sia riuscita a sentire le urla dell'inferno, devo riconoscere che l'odore di zolfo c'è. Quando si arriva davanti all'ingresso della sagrestia di Sant'Ambrogio, scostata a sinistra, c'è un'anonima e incongrua colonna romana, impettita e solitaria, sulla quale sembra che il diavolo sia andato a sbattere la testa, anzi le corna, dopo aver ricevuto il bel calcio assestatogli da Ambrogio dove non batte mai il sole. Immagina: il diavolo con le corna conficcate nel marmo che urla e strepita e non riesce a liberarsi, che scena ci siamo persi! Compresa quella della schiera di colleghi che accorrono a liberarlo per riportarlo all'inferno. Poi dicono che qui a Milano non c'è nulla d'interessante da vedere... C'è persino chi sostiene che i demoni siano passati per i fori lasciati nel marmo e che, da allora, tra la città della Madonnina e gli inferi ci sia un canale diretto di comunicazione. Senza contare poi che, secondo un'altra antica tradizione, se infili due dita nei buchi, attiri la fortuna e respingi il malocchio. Dopo questa piccola digressione fuori mano, torniamo dentro le mura e a quel Carrobbio, che il mio compagno di viaggio cita un po' troppo disinvoltamente. Il termine Carrobbio deriva dalla corruzione di *quadrivium*, ovvero quadrivio, oggi come allora, uno dei punti strategici dei traffici milanesi. In età massimianea ad esso corrispondeva infatti una delle porte di accesso alla città, *Porta Ticiniensis*, da cui si originava la strada per Pavia e Vigevano. Guardando bene, nascosta tra i palazzi, è ancora visibile una delle torri. Entrando nel bar davanti a noi, e facendosi strada tra un tavolino e l'altro, si può pure percorrerne i gradini.

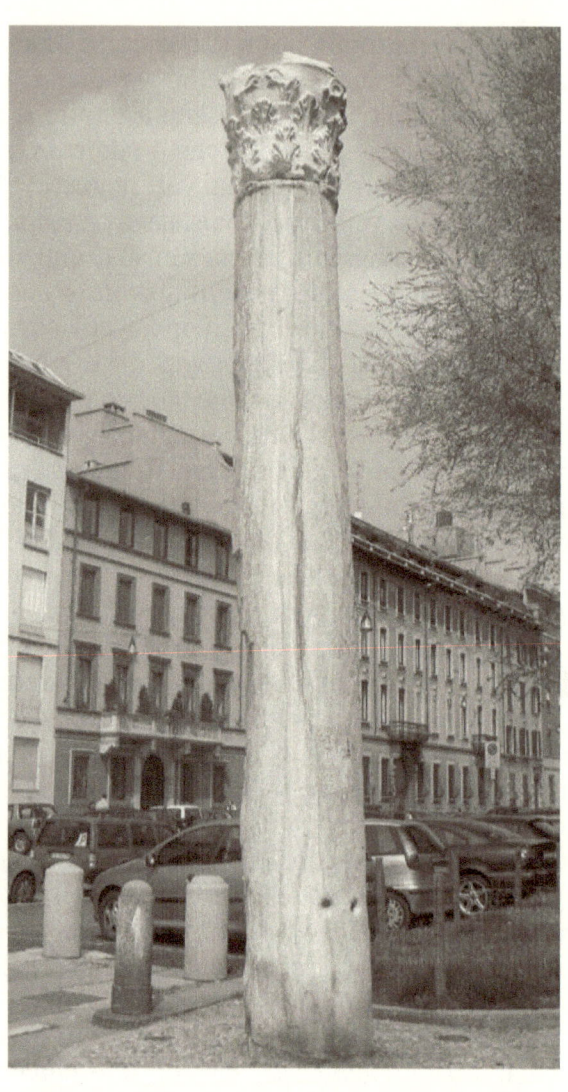

*La Colonna del Diavolo che svetta in piazza Sant'Ambrogio. Si notino, in basso, i due curiosi fori, che leggenda vuole siano le impronte lasciate dalle corna del diavolo.*

Ma ora, con una piccola deviazione tra un delitto e l'altro, vorrei portare Psyco in Piazza San Sepolcro.
Prima di dedicarmi alle storie secolari, che predilige, voglio mostrargli la piccola chiesa dalla quale prende il nome la piazza: San Sepolcro.
«Cos'è, sei a corto di monasteri e mi propini una chiesa?» si lamenta l'irrispettoso Psyco.
«No, abbi un po' di pazienza, ti parlo di crociate, di duelli epici e perfino di un drago» spiego ben sapendo che gli uomini sono come i bambini, se non ci sono i soldatini non si divertono.
Ai tempi dei romani, sotto i nostri piedi, c'era il Foro, tra i più maestosi dell'impero, largo 55 metri per 160, cuore pulsante della politica, degli affari e della vita sociale della città. Qui, oltretutto, s'incrociavano il Cardo e Decumano e poco distanti sorgevano residenze private decantate per la loro sobria ma ineccepibile eleganza, i cui mosaici pavimentali sono conservati al Museo Archeologico, che non ti propino ma che val sempre una visita.
Nel 1990, in occasione di alcuni scavi finalizzati alla ristrutturazione della Biblioteca Ambrosiana, è venuto alla luce parte del lastricato del margine occidentale del Foro, tutto in marmo bianco di Verona. Pensa che sfarzo. Sulle sue rovine, nel frattempo divorate dalla vegetazione, nel 1030 Rozzone erige una piccola chiesa, usando il vetusto monumento come cava. Tant'è che nella cripta, presente fin dalla sua fondazione, vengono riutilizzate le lastre pavimentali del foro.
L'origine del nome non ha nulla a che fare con l'omonimo ordine, bensì con un discendente di Rozzone, tal Benedetto che, di ritorno dalla prima crociata, ricostruisce il piccolo tempio del prozio e,

con la benedizione dell'Arcivescovo Anselmo IV da Bovisio, nel giorno
dell'anniversario della conquista di Gerusalemme da parte dei crociati milanesi, il 15 luglio del 1100 la dedica al Santo Sepolcro.

Tra i nomi dei primi crociati milanesi c'è anche quello di Ottone Visconti, che proprio duellando sulle mura della città avrebbe strappato uno scudo ad un prode saraceno che aveva come stemma una vipera che divorava un uomo. Questa è solo una delle tante leggende nate intorno all'origine del biscione visconteo. Le altre non basterebbe un libro per raccontarle tutte... però una, la mia preferita, è davvero irresistibile: quella del lago Gerundo e del drago Tarantasio.

Tra Adda, Serio e Oglio, un tempo c'era un'estesa palude: il Gerundo, o Gerundio, o Girondo, come dir si voglia. Intorno ci hanno ricamato parecchio, favoleggiando su dimensioni, confini e durata temporale. Nella migliore delle ipotesi c'è da credere che fosse un insieme di acquitrini e stagni, cresciuto a dismisura durante l'anarchia delle acque, instauratasi dopo la caduta dell'impero d'Occidente. Da questo *mare magnum*, poco profondo ma molto esteso (circa 35 Km da est a ovest e 50 Km da nord a sud, in un'area compresa tra Bergamo, Lodi, Cremona, fino ai confini di Milano), spuntavano qua e là isole e isolette, stile laguna di Venezia in salsa padana.

«Per quanti secoli sarebbe sopravvissuto il mitico lago»?

Non si sa, ma si può ragionevolmente ipotizzare l'epoca in cui cominciò a scomparire: dall'anno mille in poi, in massima parte grazie ai lavori di bonifica di benedettini, cluniacensi e cistercensi.

Grazie ai padri laboriosi la Padania libera diventava anche felix. Una ridente distesa di terre da coltivare, boschi lussureggianti, corsi d'acqua freschi e copiosi, caccia e pesca in abbondanza. Insomma, direi che non mancava proprio nulla se pensi che i milanesi, già nel XIII secolo, avevano uno tra i più fiorenti mercati del pesce della penisola ed erano famosi per la loro produzione di gamberetti autoctoni.

Come ogni lago che si rispetti anche il nostro aveva il suo drago, proprio come il suo fratello scozzese di Loch Ness: il drago Taràntasio, un mostruoso biscione dalla testa enorme. Era il terrore delle campagne tra Crema e Lodi.

Il popolino sosteneva venisse dalle viscere della terra di Soncino, dove era stato sepolto Ezzelino da Romano, un feroce tiranno, dalle proporzioni ciclopiche. Della sua sepoltura si è persa traccia, ma in compenso ha lavorato la fantasia. Si tramanda perfino l'epigrafe latina che sarebbe stata incisa sulla sua tomba: *Terre Suncini / Tumulus canis est Ecelinis quem lacerant manes / tartareique canes*, che tradotta liberamente suona "qui in terra di Soncino giace il cane Ezzelino, le sue spoglie mortali son date in pasto ai cerberi infernali".

Se Ezzelino sia stato offerto come antipasto al biscione poco importa. Il fatto è che il mostro era un pericolo per tutti e continuava a fare strage di uomini e soprattutto di bambini, senza che nessuno fosse in grado di fermarlo.

Un giorno, uno sconosciuto cavaliere capita dalle parti di Calvenzano e, appresa la triste storia, decide di affrontare il drago e liberare la popolazione dall'incubo.

Detto, fatto. Smembrata la bestia, prosciugata la tana,

come unico pegno il forestiero chiede di incidere l'impresa sullo scudo del suo stemma: un gran biscione, con tanto di bambino in bocca, su campo bianco.

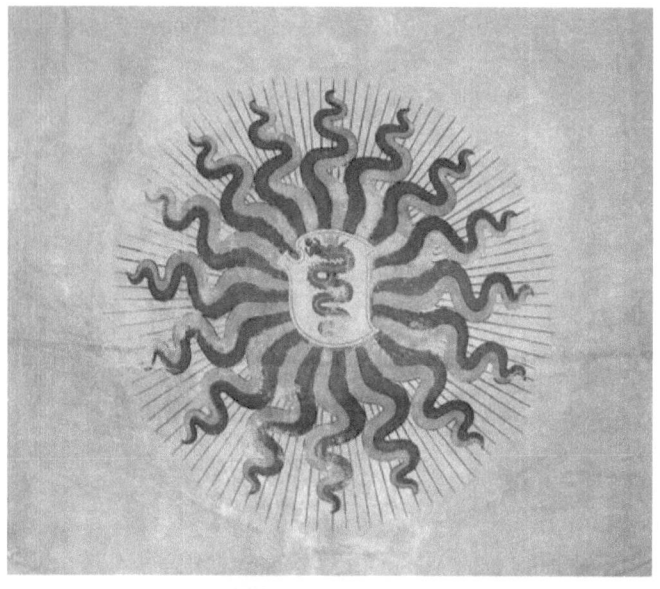

*Stemma dei Visconti incastonato nella razza (sole raggiante). L'affresco si trova nell'andito della cosiddetta Rocchetta, all'interno del Castello Sforzesco, e risale ai restauri ottocenteschi effettuati sul monumento.*

Orbene, questo misterioso signore altri non era che il capostipite della famiglia Visconti: il celebre Ottone che, dopo questo ardimentoso duello, diventerà prima vescovo e poi signore di Milano.
«Ti è piaciuta la storia?» chiedo speranzosa.
«Molto. Manca però il finale.....il biscione non poteva

che andare ad impreziosire il logo della principale squadra milanese, ovvero l'Internazionale Football Club Milano, Inter per gli intimi» dice Psyco, assai compiaciuto.
Stendo un velo sull'argomento, anche perché le mie origini torinesi mi portano a simpatizzare per ben altra squadra e vorrei evitare un'altra guerra di religione.

# Luca. Preti e misteri

Zolfo. Diavolo. Pur non essendo nella città esoterica per elezione, palma che cediamo volentieri a Torino, anche a Milano abbiamo un bel bagaglio d'inquietanti misteri e di delitti rimasti senza un perché. Crimini senza colpevoli, *cold case* sui quali, da decenni, si concentra l'attenzione dei professionisti e che ciclicamente tornano nelle pagine di cronaca nera per poi perdersi nuovamente negli archivi polverosi dei casi insoluti.

Visto che siamo vicino a Sant'Ambrogio devo fare una piccola deviazione per portare la mia compagna di viaggio in Largo Gemelli, proprio di fronte al portone dell'Università Cattolica. Una cittadina della cultura ospitata dagli austeri muri del monastero cistercense e dei suo splendidi chiostri bramanteschi, un luogo che a tutto rimanda tranne che ad un omicidio.

Voglio raccontarle una storia di porte. Porte attraversate senza motivo, imbrattate di sangue, attraversate da un assassino senza volto, aperte su una via di fuga misteriosa. *Sliding doors*, porte scorrevoli che si aprono su un destino piuttosto che un altro per solo capriccio del fato. La prima a cigolare è quella di un appartamento borghese di via Osoppo 2. Sono le nove del mattino di un afoso sabato 24 luglio 1971.

Una ragazza saluta frettolosamente i genitori, deve andare in centro a sbrigare delle commissioni per poi tornare a casa all'ora di pranzo. «Sì mamma, lo so che devo ancora finire la valigia e che domani si parte all'alba, faccio due cose e poi arrivo, non preoccuparti» le sue ultime parole.

Si avvia verso il tram che viaggia in direzione Corso Vercelli, poche fermate ed è già arrivata di fronte al negozio del tappezziere dove è attesa per scegliere le stoffe da destinare ai nuovi cuscini del salotto. Di queste faccende ama occuparsi lei e la mamma, con la quale condivide molti gusti, non avrà nulla di cui lamentarsi. Qualche sua amica pensa che queste incombenze non si addicano ad una giovane al passo con i tempi. Non solo. La accusano, bonariamente s'intende, di essere sì carina, ma irrimediabilmente demodè, con quella sua aria acqua e sapone, i capelli raccolti, un filo di perle sempre al collo, la camicetta chiusa fino all'ultimo bottone, la gonna che arriva al ginocchio. A lei va bene così. Siamo a Milano mica nella *Swinging London*. Risolta la prima incombenza prosegue a piedi verso Corso Magenta. Entra in una libreria per acquistare un dizionarietto italiano-francese. Il traghetto della Corsica Ferries la attende, all'indomani, per una vacanza con tutta la famiglia e lei, precisa com'è, non vuole farsi cogliere impreparata da una lingua che conosce poco. Lo scontrino segna le 10.37, c'è tutto il tempo per arrivare puntuali all'appuntamento con l'estetista, fissato per le 11 nella piccola galleria Borolla, vicino all'Università cattolica. Depilazione a prova di costume e acquisto di creme solari. Sono quasi le 12 quando esce dalla porta a vetri della profumeria. Per svanire nel nulla. L'ingegner Francesco Ferrero, funzionario della Montedison, non si dà pace. Sono già le tre del pomeriggio e Simonetta, la figlia ventiseienne, non dà notizie. Il cibo servito dalla signora Liliana è ormai freddo e della ragazza non c'è traccia. Non è un comportamento normale, non è mai mancata ad un pranzo senza avvisare per tempo.

Deve essere successo qualcosa, magari si è sentita male, ha avuto un incidente. Partono le telefonate agli ospedali, Elisa ed Elisabetta, le sorelle di Simonetta, battono il percorso fatto dalla giovane. Tappezziere, profumeria... nulla. Passano le ore e cresce l'ansia. Non resta che chiamare la polizia.

Alle 20 giunge la segnalazione in Questura. Il maresciallo Zagaro apre diligentemente una cartelletta e vi infila un foglio scritto a macchina nei consueti toni burocratici.

«Simonetta Ferrero, anni 26, abitante a Milano via Osoppo 2, laureata in Scienze Politiche presso l'Università Cattolica di Milano, impiegata al centro laureati Montedison Piazza Cadorna 5. Denuncia di scomparsa a nome di Francesco Ferrero, in qualità di padre. Segni particolari: altezza 1.65, occhi chiari, capelli castani. Aspetto al momento dell'ultimo avvistamento: pettinatura raccolta sulla nuca mediante laccetto, camicia di cotone bianca, gonna grigio scuro, scarpa estiva, borsetta modello tracolla in tessuto e cuoio contenente documenti ed effetti personali».

Una volante si mette in moto per le prime ricerche, ma gli esiti non sono confortanti. A tarda sera, mentre un violento acquazzone scuote la città, Francesco già sofferente di cuore, crolla per l'ansia e deve essere ricoverato al Fatebenefratelli.

E' una domenica di lavoro quella che si prospetta per gli uomini della squadra mobile, una noiosa e frustrante incombenza, fatta d'infinite domande e di poche risposte: cercare, in una Milano ormai svuotata dall'esodo estivo, una ragazza anonima la cui vita privata, come confermano tutti i conoscenti, sembra lo specchio delle virtù.

«La figlia che ogni padre vorrebbe avere» così avevano trascritto gli agenti, dopo i primi colloqui con papà Francesco. Lontanissima dalle inquietudini che smuovono l'universo giovanile.

Laureata con ottimi voti e subito impiegata, volontaria della Croce Rossa, dama di San Vincenzo, amante della musica classica e dei romanzi d'autore. Cattolica praticante che, per nessuna ragione, avrebbe perso una messa domenicale. Vita sentimentale irreprensibile in attesa che la sorte le destinasse l'uomo giusto con il quale convolare a nozze. Ottimi rapporti con i genitori e perfino uno zio monsignore, giusto per impreziosire il quadro familiare. Un rapimento? La famiglia è benestante, ma non certo tale da far presagire lauti guadagni. Uno scambio di persona? Sarebbe già a casa. Un maniaco che si aggira nel pieno centro di Milano? Tutto può essere, ma Simonetta non sembra il tipo da dare confidenze o accettare inviti da sconosciuti. Nebbia sull'indagine. Calda e soffocante come le strade deserte che costeggiano Piazza Sant'Ambrogio, l'ultimo luogo nel quale la ragazza è stata avvistata. Interrogativi senza risposta, come i negozi chiusi per ferie.

Lunedì mattina arriva una nuova telefonata al 113: è il rettore dell'Università di Largo Gemelli e sembra molto agitato, è successo qualche cosa di inaudito proprio all'interno della cittadella.

La Polizia di Stato ha un distaccamento in piazza, a cento metri dall'ingresso del palazzo. Due minuti e le prime volanti sono già davanti al portone.

Una studentessa della facoltà di storia è seduta su di una panchina del rettorato in stato di visibile choc e sta ripetendo ossessivamente ciò che ha visto.

«Saranno state le 8.40 e stavo salendo la scala G, quella in fondo all'ultimo cortile, per andare al primo piano a vedere le date degli appelli. Sul pianerottolo un ragazzo che proveniva dall'ammezzato, dove ci sono i bagni, mi è venuto incontro con un'aria sconvolta. Mi ha quasi travolta e poi senza dire nulla è sceso correndo verso il pianterreno. La cosa mi ha incuriosita, volevo capire da cosa fuggisse e sapendo che su quel piano ci sono i bagni femminili volevo approfittarne per lavarmi le mani e bere un po' d'acqua. Così ho aperto la porta e mi sono trovata quell'orrore davanti».

Gli uomini in divisa guidati dal rettore e dal personale universitario attraversano a passo spedito i due portici resi deserti dall'orario e
dalla sospensione estiva dei corsi, salgono i pochi gradini della scala G e si trovano di fronte la porta del bagno. E' semiaperta e sulla maniglia, sullo stipite, sul muro esterno ci sono evidenti tracce che vanno dal rosso al blu, fino al violaceo. Sangue ormai essiccato.

La stanza, o meglio le stanze, perché i servizi femminili sono muniti di un antibagno nel quale si trovano i lavandini e di un bagno vero e proprio, a sua volta separato in sei postazioni, è diventato un mattatoio nel quale, in una pozza di sangue rappreso, giace il corpo di una giovane donna. Non ci sono dubbi: è Simonetta Ferrero.

Arriva il momento dei riconoscimenti, delle lacrime, delle foto, dei segni di gesso sul pavimento, della mappatura, dell'ambulanza che porta il corpo all'obitorio di via Ponzio, verso quell'autopsia che dovrebbe dare le prime risposte sulle modalità del barbaro omicidio.

Ci vuole poco, per gli uomini della scientifica, a

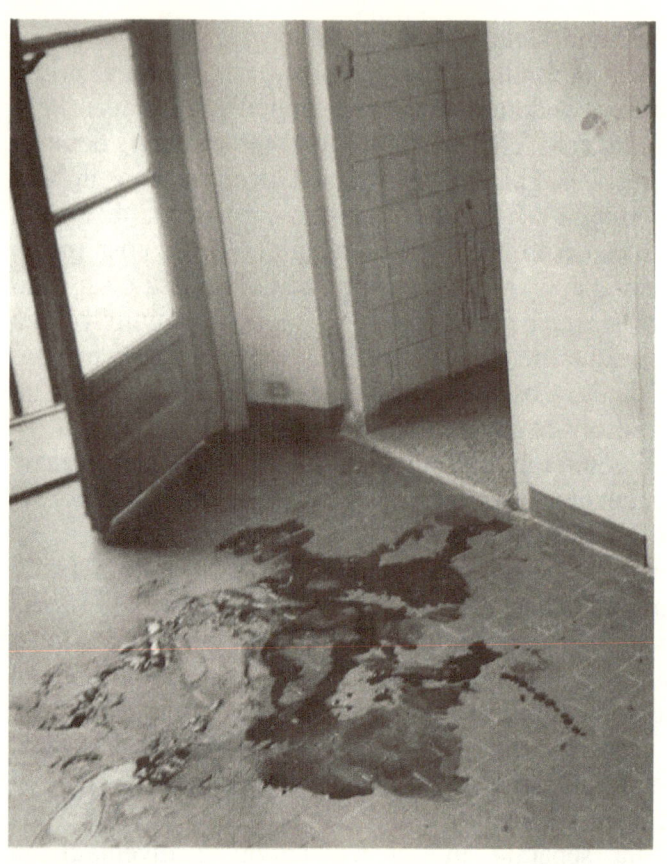

*Il bagno della scala G.*

capire che si tratta di un delitto della peggior specie, quelli senza un movente apparente, nei quali il colpevole va trovato immediatamente, prima che le piste si confondano, gli alibi si rinforzino e le cattive coscienze si acquattino.
Un'arma da taglio, lunga almeno venti centimetri, si è abbattuta con cieca violenza per ben quarantatré

volte: una vera mattanza, frutto di un odio cieco, di una follia omicida senza una spiegazione logica. L'aggressione, presumibilmente, è avvenuta di fronte ai lavandini. Lì devono essere giunti i primi colpi ai quali Simonetta ha cercato di opporsi, come dicono le numerose ferite da difesa su mani e braccia, per poi tentare la fuga chiudendosi all'interno di uno dei bagni. Ha provato in ogni maniera a tenere chiusa quella porta priva di serratura, poi ha ceduto. E' uscita nella speranza di raggiungere il corridoio. Si è appoggiata alle pareti, ha lottato fino all'ultimo spasmo di vita, con le mani orribilmente ferite ha avuto ancora la forza di graffiare le braccia dell'aggressore, donando così agli inquirenti un prezioso indizio per attribuirgli anche un volto. L'ultima fuga, con le gambe che non rispondono più ai comandi del cervello ed infine il crollo.

«E' morta composta come ha vissuto» scriveranno i giornali. Una forma retorica e un po' sgradevole per dire che si è adagiata a terra senza che l'assassino ne oltraggiasse in qualche modo il corpo. Nessun segno d'aggressione sessuale, la borsa con il portafogli intonso, la collana al suo posto. E un movente inspiegabile.

L'assassino non si è premurato di pulire nulla. Sicuramente si è ferito anche lui perché molte delle tracce ematiche riportano ad un gruppo sanguigno diverso da quello della vittima.

Si è lavato, lasciando il lavandino sporco, ha toccato porte e maniglie. Si è cambiato d'abito? Deve averlo fatto, come avrebbe potuto altrimenti uscire dall'università? E se non fosse uscito? Non subito, almeno? Se si trattasse di qualcuno che ha qui dentro il suo ufficio e possiede le chiavi per andare e venire?

Sono tante le domande che girano nella testa del vicequestore Antonino Orlando, tornato in fratta e furia dalle ferie per dedicarsi anima e corpo alle indagini.

In un caso d'omicidio ci sono delle priorità. La prima è stabilire con certezza la data della morte. Simonetta è scomparsa sabato 24 luglio intorno a mezzogiorno. Il medico legale non ci mette molto a chiarire che la morte risale a poche decine di minuti dopo. Dunque appena uscita dalla porta dell'estetista si è recata in università. Perché l'ha fatto? Come si è cacciata in una scala isolata, lontano dalla porta d'ingresso, in un'area che non fa parte della facoltà di Scienze politiche da lei frequentata? Il medico legale fornisce anche un interessante indizio: la vescica è vuota.

Dunque prima dell'aggressione Simonetta ha avuto il tempo di andare in bagno ed è stata affrontata dal suo assassino solo al momento di lavarsi le mani. Ha raggiunto la sua ex università proprio perché cercava un bagno? Può essere, ma perché scegliere quello più scomodo, rintracciabile solo attraversando due lunghi porticati, invece di quello vicino all'ingresso?

Per il momento le domande vengono accantonate. C'è da cercare l'indiziato numero uno: quel ragazzo visto uscire dalla studentessa che ha scoperto il corpo. Non ci vuole molto. Nel primo pomeriggio è lui stesso che, scortato dal suo avvocato, si presenta nell'ufficio del vicequestore. Sembrerebbe la svolta.

Il ragazzo ha 23 anni, il viso di un cherubino, l'aspetto compito del bravo ragazzo di provincia. «Mario Toso, padovano, internato dell'Istituto salesiano di Mirabello Monferrato in provincia di Alessandria. Seminarista».

Un futuro prete dunque. Uno dei tanti che studiano

teologia in università. Brutto cliente per il commissario Orlando.

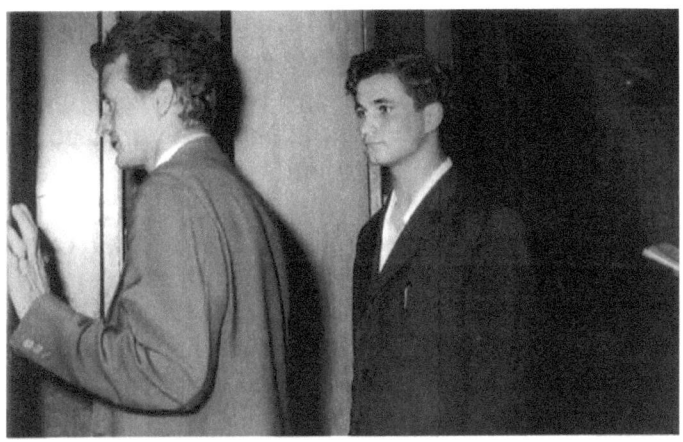

*Il seminarista Mario Toso accompagnato sul luogo del delitto.*

Per ogni domanda degli inquirenti c'è una risposta: fredda, a tratti insensibile, forse insoddisfacente, ma sempre puntuale. «Sono arrivato in Cattolica per la messa delle 8.
Appena finita, saranno state le 8.35, mi sono recato verso la segreteria dell'Istituto di scienze religiose, al primo piano della scala G, dove volevo controllare la data dell'appello di un esame. Giunto all'ammezzato ho sentito lo scrosciare d'acqua che proveniva da un rubinetto lasciato aperto nei bagni femminili.
Mi sono avviato verso la porta con l'intenzione di chiuderlo. L'ho aperta e ho immediatamente visto dei segni rossi, come delle ditate sparse dappertutto.
Anche attorno ai lavandini c'erano tracce rosse.

Sono stato colpito dal forte odore che proveniva dalla zona e sono andato a controllare cosa fosse successo. Lì ho visto il cadavere e preso dal panico sono fuggito senza riuscire a dare l'allarme».

Un racconto contorto, strano, contraddittorio che non convince gli inquirenti. Dannato seminarista. La domanda è sempre la stessa: perché un ragazzo che sta per indossare la tonaca, che appare pieno di scrupoli morali e d'inibizioni, sarebbe entrato con nonchalance nei bagni femminili?

«Nel seminario svolgo la mansione di precettore. Ci hanno insegnato che se c'è una luce accesa va subito spenta, se le sedie sono fuori posto vanno ordinate, se un rubinetto rimane aperto bisogna intervenire subito affinché non si allaghi il bagno. E' più forte di me, non posso sopportare il disordine».

Un maniaco dell'ordine, dunque, un soggetto un po' strambo, ma non un assassino.

Interviene anche l'avvocato: «Perché il mio assistito avrebbe dovuto tornare sul luogo del delitto? Dove sono i vestiti macchiati di sangue, visto che oggi Toso indossa gli stessi abiti che aveva sabato? Perché avrebbe dovuto aggredire una ragazza che non conosceva e non aveva mai incrociato? Ma soprattutto, dove sono le ferite e i graffi che, secondo i rilevamenti della scientifica, l'assassino si è procurato?».

Giuste obiezioni, pensa il vicecapo della mobile. Siamo in un bel pasticcio.

Al sospetto viene fatto un prelievo che dà esito positivo. Il sangue del Tosi risulta appartenere allo stesso gruppo di quello trovato sulle pareti e sul lavandino.

«Questo non significa nulla, spiega l'avvocato, a prescindere che non si capisce da dove sarebbe sgorgato, si tratta della tipologia più comune, il medesimo gruppo di qualche decina di milioni di italiani».

Mentre i giornali e la tv s'interrogano sul misterioso delitto, il seminarista viene rilasciato, senza nessun provvedimento se non il classico "resti a disposizione". Chi è passato per i bagni e per quella maledetta scala, sabato intorno alle 12? Un luogo isolato, perso nel labirinto dell'università. Possibile che nessuno abbia sentito gridare? I martelli pneumatici, ecco la risposta. Quel giorno, ai piedi della scala, c'erano quattro muratori che stavano provvedendo alla demolizione di una parete divisoria tra gli uffici del pian terreno. Secondo consuetudine, avevano staccato alle 12.30 per riprendere il lavoro circa un'ora dopo. Se fossero loro la risposta?
Vengono fermati, perquisite le loro case, sequestrati i vestiti, controllate eventuali ferite e verificato il gruppo sanguigno. Niente di niente. Luigi, Giuseppe, Nicola e Alessandro immersi nel frastuono, stavano lavorando all'interno di una stanza posta sotto il bagno maledetto e non potevano vedere né sentire nulla.
Gli inquirenti battono ogni pista, ascoltando centinaia di possibili testimoni, ma si ritrovano con un pugno di mosche in mano.
Non resta che mettersi attorno ad un tavolo, sparpagliare di nuovo le carte e vedere se si riesce a costruire un quadro logico.
La task force che indaga sul caso, composta da Antonino Orlando, dal magistrato Ugo Paolillo, dal

dirigente della mobile Enzo Caracciolo e dal maresciallo Nino Giannattasio, prova a trovare il bandolo della matassa.
«Iniziamo da zero: c'è un uomo...»
«Chi ha detto che sia un uomo? Potrebbe anche trattarsi di una donna».
«Giusta osservazione. C'è una persona, di sesso ignoto, che è entrata nel bagno femminile per aggredire la Ferrero...»
«Alt, sono solo supposizioni, il soggetto X potrebbe aver *atteso* Simonetta, potrebbe perfino averle dato un appuntamento. La casta ragazza potrebbe essersi trovata in qualche situazione inaspettata. Ipotizziamo che un uomo o, perché no, una donna, la corteggiasse e che fosse previsto un chiarimento...»
«Nel bagno? Con rispetto, ma la vittima non era tipo da dare appuntamenti nella toilette. Fosse stato un parco, un museo, un caffè, ma un cesso... per favore. E poi doveva correre a casa per il pranzo. No, stiamo lavorando troppo di fantasia e noi siamo poliziotti, mica stiamo al cinema».
«L'unica cosa certa è che l'assassino è uscito da quella maledetta porta fradicio di sangue e pure ferito. Almeno su questo possiamo essere d'accordo? Bene. Allora ditemi come questo soggetto possa aver ridisceso le scale, attraversato due cortili, imboccato il portone d'uscita, eluso la sorveglianza di due uscieri, preso una macchina, un autobus o una bicicletta, sa Dio cosa, per allontanarsi da qui? Lo capite che non ha senso? Di cosa stiamo parlando? Di un fantasma? Di Satana in persona?».
«E se non fosse uscito dalla porta principale? Potrebbe aver proseguito oltre il corpo G, dove c'è un piccolo giardino poco frequentato, per poi scavalcare

il cancello chiuso che dà su via San Pio V, da li è un attimo scomparire nei vicoli».
«Ipotizziamo che si sia cambiato d'abito? Oppure semplicemente...che so....un grembiule, come quelli che portano i bidelli...» «O una tonaca. Ci sono un mucchio di preti che girano per l'università, gente che conosce ogni anfratto, che lavora da anni in mezzo a quelle aule e magari ha pure un ufficio privato...bravo brigadiere questa è una buona idea. Un'ottima idea. Ma a noi servono nomi non idee. La realtà è che non abbiamo in mano nulla, solo idee, buone per chiacchierare al bar...con le idee non si fanno i processi».
Il mistero dell'Università cattolica si fa sempre più fitto. In un'epoca nella quale il dna è solo una sigla e le telecamere di sicurezza sono fantascientifiche apparecchiature che compaiono nei romanzi di Ian Fleming, bisogna confidare nell'intuito, nella fortuna, nelle testimonianze e nelle lettere anonime.
Ne arrivano tante sui tavoli del vicequestore e ognuna viene letta con attenzione nella segreta speranza che contenga elementi utili. Negli anni se ne accumuleranno talmente tante da necessitare di appositi archivi, divisi per settore. C'è, per esempio, il filone lavorativo. Complottisti che vedono trame oscure negli affari della Montedison. Agenti, più o meno segreti, che avrebbero tramato nell'ombra per colpire la povera funzionaria venuta a conoscenza di qualche indicibile segreto.
Un po' più serie appaiono le segnalazioni di possibili contrasti con le tante persone che si rivolgono all'ufficio della Ferrero. Il lavoro di Simonetta, anche in tempi nei quali l'assunzione non è un miraggio, ha degli aspetti sgradevoli e presuppone qualche rifiuto.

All'ufficio laureati nel quale, grazie all'interessamento del padre, ha trovato immediato impiego, la donna vaglia i profili scolastici e professionali di chi aspira ad un posto nella prestigiosa azienda. Qualche segnalazione parla di possibili screzi con gli esaminandi, di frustrazioni nate da un'inaspettata bocciatura, di impiegati che aspirano a migliorare la loro posizione, bloccati dall'inflessibile ventiseienne. Un'accurata indagine sull'operato dell'ufficio laureati non porta nessun esito, nulla di significativo per giustificare un crimine tanto efferato.

Il fascicolo più corposo è sicuramente quello rubricato alla voce psicopatici, disturbati, nevrotici e maniaci sessuali, per gli sbrigativi uomini della Questura, semplicemente matti.

Sembra che nella zona adiacente alla Cattolica ne girino tanti e che molti di loro, potenzialmente pericolosi, siano iscritti ai corsi o trovino il modo per intrufolarsi tra le migliaia di persone che ogni giorno varcano il cancello dell'università. C'è uno studente che chiama direttamente il vicequestore Orlando, accusandosi dell'omicidio. E' molto informato dei fatti e descrive con minuzia di particolari la posizione del corpo, peraltro ben nota, grazie alle fotografie che il quotidiano *La Notte* ha pubblicato. Sembrerebbe un soggetto attendibile, fino a quando non inizia a sproloquiare di numerologia, di filosofia indiana, d'esoterismo ebraico e dell'imminente fine del mondo.

Invece che a San Vittore, viene scortato all'ospedale Niguarda, per le cure del caso.

Ce n'è un altro che si presenta nella segreteria di Giurisprudenza. Ha il volto imperlato di sudore, la

faccia terrea, i radi capelli unti, lo sguardo allucinato di chi ha assunto delle droghe. Nella fessura del vetro protettivo, infila delle mutandine femminili, dichiarando alla stupefatta segretaria, che sono quelle che avrebbe strappato alla povera Simonetta. La donna non fa in tempo a chiamare aiuto che il presunto studente si gira e fugge. Non sarà mai identificato. Un giovane seminarista di nome Giuseppe prende ogni giorno il treno che da Saronno giunge alla stazione Cadorna. E' ossessionato dalle pendolari della cultura che si siedono negli affollati scompartimenti, ragazze con l'aspetto curato e casto, studentesse della Cattolica, che portano al collo una croce dorata o l'immagine della Madonna.
Le segue fin dentro l'università e appena può allunga le mani o esibisce il membro. Ne ricava molte denunce per aggressione e per atti osceni, ma nulla che lo riconduca al bagno della scala G.
La pista giusta sembra imboccata, quando una volante ferma un folle che gira attorno alle antiche mura gridando all'indirizzo delle studentesse e brandendo un coltellaccio da cucina. E' un facchino di Porta Genova, già segnalato per minacce e violenze verbali. Nella sua borsa ha una risma di fogli in rime sconclusionate, scritti che inneggiano alla violenza sulle donne e se la prendono in special modo con le studentesse milanesi, ree, a parer suo, di credersi chissà chi. Vive in una catapecchia sulla ferrovia insieme agli anziani genitori e ad una miriade di cani. Nella sua cameretta gli agenti trovano dei fogli di giornale minuziosamente ritagliati con particolare attenzione al caso Ferrero.
Ci sarebbero buoni motivi per trattenerlo in Questura. Purtroppo, però, l'uomo ha un alibi. Il sabato, lo

passa annegando la sua rancorosa solitudine ed il suo triste disagio mentale sulle poltrone di un cinema. La maschera del Meravigli si ricorda il suo ingresso intorno alle 11.30. Ma c'è di più. Nella sua follia maniacale tiene tutti i vecchi biglietti in un vaso. Con un po' di pazienza salta fuori quello staccato dalla matrice del 27 luglio. Matto, ma fortunato.

Una lista infinita di folli e di possibili assassini. Una lista ancora più lunga di mitomani, di testimoni confusi e d'appassionati quanto inutili giallisti della domenica.

Nelle foto del funerale, tra la folla che dà l'estremo saluto a Simonetta, compare un uomo che è di casa nella chiesetta della Cattolica. E' un ex panettiere sessantenne che vive facendo piccoli favori agli studenti, d'elemosina e di vendita di sigarette di contrabbando. Qualcuno dice di averlo visto quella mattina aggirarsi attorno alla scala G. Un nuovo fermo di polizia e un altro alibi di ferro.

Il custode dell'università ha notato un uomo sulla cinquantina che inspiegabilmente ha passato la mattinata di sabato 27 luglio seduto sulla panchina davanti alla scala incriminata. Non è uno studente e non è un professore. E' vestito elegantemente, porta una giacca e la cravatta e sembra che aspetti qualcuno. Poi, come d'incanto, intorno alle 12 scompare. Un altro dei tanti fantasmi che aleggiano in questa storia.

Altri testimoni hanno incrociato un uomo molto alto, che attraversava con passo veloce e guardingo il cortile, guadagnando l'uscita.

La segnalazione è interessante perché combacia con un elemento che non è mai stato divulgato alla stampa. Sul luogo del delitto, gli inquirenti hanno

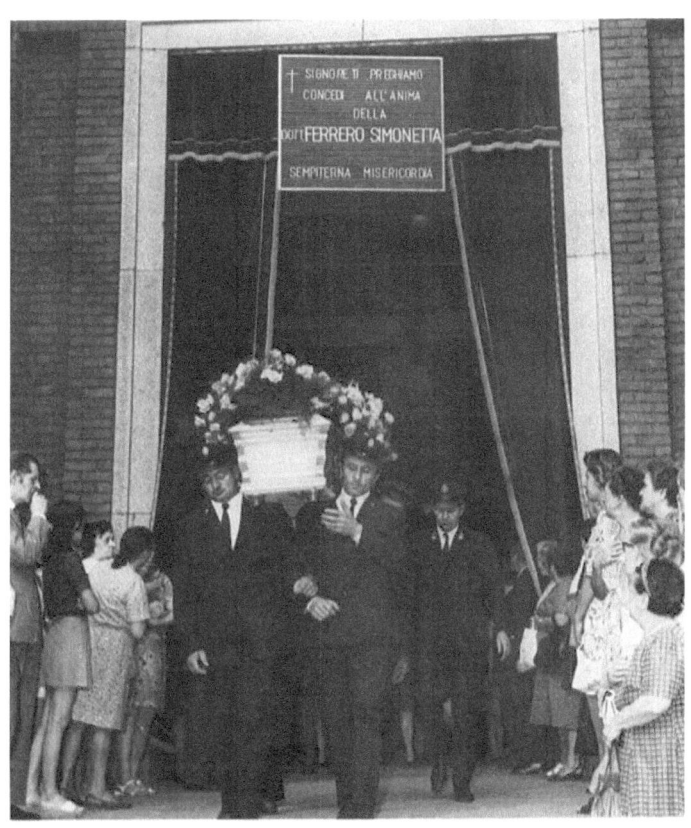

*I funerali di Simonetta.*

trovato l'impronta insanguinata di una mano dalle lunghe dita affusolate, posta ad una notevole altezza, il che fa pensare ad un assassino ben più alto della media. L'uomo però non sarà mai rintracciato.

Fedele al principio base della criminologia moderna secondo il quale se un delitto non viene risolto nelle prime 24 ore diventa molto difficile venirne a capo, la polvere si accumula sul mistero della Cattolica. Passati dieci anni dal delitto si venne a sapere che le autorità scolastiche nell'assoluto riserbo che si deve a luoghi tanto prestigiosi, avevano provveduto ad allontanare un padre spirituale, additato come molestatore da molte studentesse. Nel 1994, una signora di mezza età che aveva conosciuto Simonetta, raccontò ai giornali di un certo padre Angelo, abitante nel pensionato della Cattolica, che l'avrebbe infastidita nel periodo di frequentazione dei corsi. Le autorità, però, giudicarono la testimonianza un po' troppo tardiva e non riaprirono l'indagine.

Oggi la scala G non c'è più. Tutta l'area è stata abbattuta per fare spazio all'aumento degli iscritti e sono pochi, tra gli anziani professori, quelli che vogliono ricordare l'imbarazzante vicenda.

I ragazzi che entrano ed escono dal portone di Largo Gemelli, sono preoccupati per gli esami, non certo per la soluzione dell'enigma. Il Diavolo se la ride e probabilmente si è rintanato nella colonna citata da Alessandra. In attesa di colpire nuovamente.

# Alessandra. Memoria storica

In attesa di colpire nuovamente... già. Una cosa che non manca in ogni città del mondo è il male. Se gli esseri umani utilizzassero la stessa energia per occuparsi del bene e del bello, vivremmo nel migliore dei mondi possibili.
Vorrei proporre al viandante che mi sta a fianco qualche riflessione. Mi sembra che il momento sia quello giusto.
«Psyco, è già da un po' che camminiamo e zigzaghiamo tra storie, misteri, delitti e interrogativi vari. Ci stiamo avvicinando al confine ideale che chiuderà il nostro libro: la cerchia dei navigli. Ora ti voglio fare una domanda».
«Prego» dice lui benevolo.
«Abbiamo iniziato facendo tappa nei luoghi del delitto, giusto?»
«Giusto».
«E abbiamo, o meglio tu hai, ipotizzato che questi siano rappresentativi di un certo modo, forse il peggiore, di essere milanesi. Giusto?».
«Direi di sì».
«In altre parole, se ho capito bene, mi racconti di delitti che con queste specifiche modalità e con questi personaggi avrebbero potuto svolgersi solo a Milano. Omicidi che ci forniscono un pretesto, ma anche una sorta di lente d'ingrandimento per osservare come siamo, o meglio come siete, fatti. Giusto?»
«Giusto» risponde Psyco sempre più perplesso.
«Beh, volevo dirti che per quello che mi riguarda la tua idea mi sembra un successo. Voglio dire... quando

mi racconti del De Fabriitis, di Lutring, della *sciura* Piva, di Gucci, anche della Ferrero, mi pare di trovarmeli davanti. Delle icone della milanesità, dei modelli estetici che sintetizzano meglio di molti altri i mille volti che ci stanno intorno».

«Non so dove vai a parare, ma se è un complimento lo accetto volentieri» dice l'amico.

«Si e no. Quello che vorrei che capissi e che entrasse nella tua testa di zuccone è che anche le storie che ti passo appartengono al tuo dna. Non sono faccende lontane, perse nei libri scolastici e nelle guide per turisti. Sono il tuo essere milanese. Le vicende, le passioni, il sangue, il tempo, le costruzioni e le distruzioni, insomma tutto quel coacervo d'eventi che chiamiamo storia, non passano senza lasciare traccia. Nel tuo animo di milanese doc puoi ritrovare tutto questo».

«Anche il drago Tarantasio? Oh mamma...»

«Pirla. Sì, anche il drago se proprio lo vuoi sapere. Ma anche il romanticismo di Stendhal, il pragmatismo di Maria Teresa, la *grandeur* di Napoleone, l'etica Manzoniana, la mistica dei Celti, il furore idealista dei futuristi. C'è proprio tutto. E il bello è che tu, così milanese nel profondo del tuo finto cinismo, lo sai benissimo».

«Touchè!» risponde accendendosi una sigaretta.

«Tanto mi basta. Ancora una volta ho vinto io».

A proposito di non buttare via niente e del significato della memoria, appena arrivata in città, ormai 5 anni fa, in via dell'Ambrosiana, ho fatto un'altra scoperta sensazionale. Una casa museo da *Mille e una notte*, situata al numero civico 20. A te piacerebbe da impazzire. C'è di tutto, dall'arte ai ferri da stiro, dalle poltrone da cavadenti, ai bastoni da passaggio, per non parlare della collezione di carte da gioco. Ci ho perso un intero pomeriggio a guardarle tutte. L'idea è venuta a Emilio Mangini, mecenate, campione di offshore, autore di commedie in milanese, andate in scena al Teatro Gerolamo e al Teatro delle Erbe. Un raccoglitore curioso e instancabile di ogni oggetto d'uso quotidiano. Oltre 3700 pezzi, tra cui armature, giochi, orologi, bastoni, abiti d'epoca, ceramiche, oggetti di culto e lanterne magiche. Tutte raccolte nel palazzetto dove ha vissuto fino al 2003, anno in cui è mancato. Oggi per sua volontà è una fondazione, aperta al pubblico tutti i martedì e giovedì, con ingresso libero. Una sorta di *Wunderkammer* del bric-à-brac. Un giorno di questi ti ci porto.

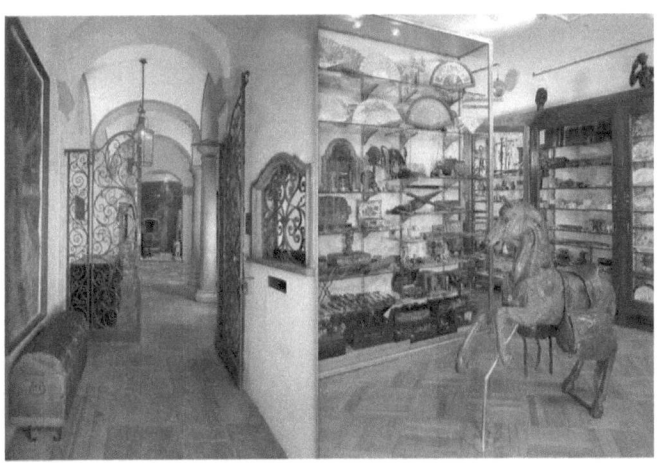

*Casa Mangini Bonomi. A sinistra, particolare dell'ingresso, varcato il portone su strada; in primo piano, sulla destra, un baule da viaggio del XVII secolo, di manifattura italiana, rivestito in pelle e decorato con borchie. A destra, veduta di una sala al primo piano; in primo piano un cavallo da giostra in legno scolpito e verniciato a lucido, del XIX secolo.*

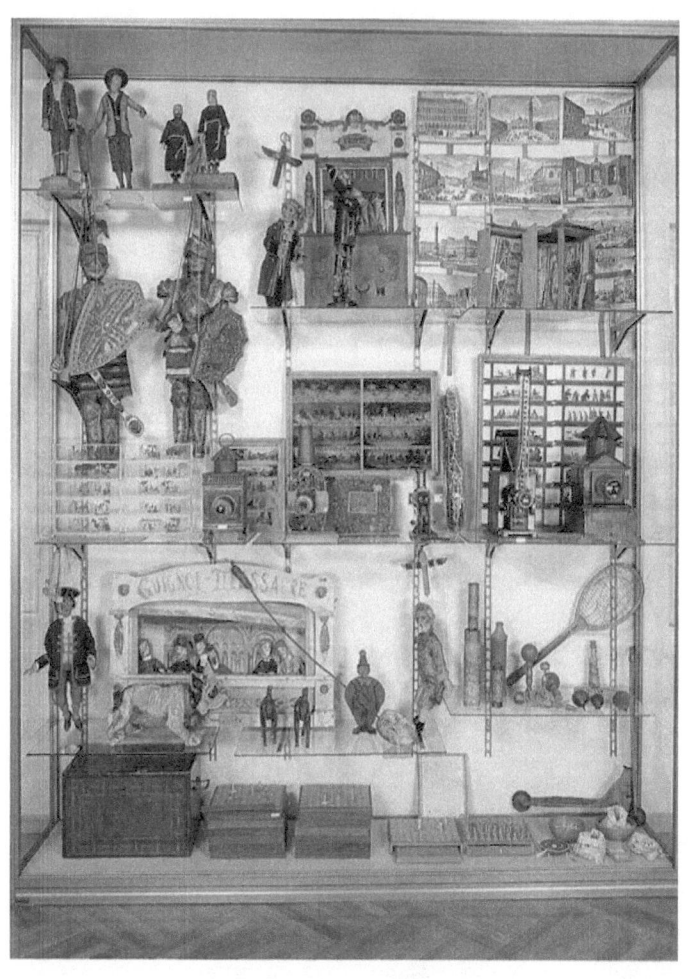

*Casa Mangini Bonomi, particolare di una vetrina al 1°piano nella quale sono raccolti giochi, lanterne magiche con i loro vetrini istoriati, teatrini e burattini realizzati tra il XVIII e l'inizio del XX secolo.*

# Luca. La donna in valigia

Devo confessare che la mia compagna di viaggio a volte mi stupisce. Quando plana tra i mortali che non si nutrono di sole incisioni latine, sa essere deliziosa.
Ora so che me ne pentirò, ma come il Fonzie di *Happy days*, affetto da paresi nel pronunciare "ho sbagliato", proverò a dirle che a furia di martellarmi con le sue chiesette, i suoi monasteri, le sue leggende, la sua Milano concentrica e un po' new age, mi sta lentamente convertendo. Non esageriamo sia chiaro, però a volte, il grigio delle case, la rabbia per l'incuria, il fastidio per il provincialismo nel quale sprofondiamo, ascoltandola, si affievolisce. E allora, senza che me ne accorga, emerge una città nella quale passato e presente si mescolano, nella quale tutto ha un senso e forse una speranza.
Deve essere un primo segno di rimbambimento senile.
Meglio che torni in fretta alla concretezza del delitto; l'ultimo che intendo raccontare e che simbolicamente trova il suo epilogo proprio a metà tra l'antica città fortificata e la terra di nessuno che sorgeva un tempo oltre i bastioni. Nella tarda primavera del 1903 Alberto Olivo, contabile presso la Richard Ginori, abitante in una strada dal nome profetico di via Macello, oggi banalmente ribattezzata via Modestino, entra dalla porta principale nella *hall of fame* dei grandi occultatori di cadaveri, a fianco di personaggi come Henri Landru o la nostrana saponificatrice di Correggio, al secolo Leonarda Cianciulli.
La vicenda che l'ha reso celebre e ha suscitato l'ammirazione di tanti mariti infelici, pur essendo

molto milanese per l'efficientismo che la caratterizza, inizia a qualche centinaio di chilometri di distanza, precisamente nel porto di Genova. Qui il 24 maggio, in mezzo agli sbuffi dei transatlantici, fu avvistata una valigia galleggiante con un macabro contenuto: un corpo di donna d'età compresa tra i 30 e i 40 anni, fatto a pezzi, con il cranio deturpato nel presumibile tentativo di renderlo irriconoscibile e con delle tavolette di naftalina inserite negli orifizi, per limitarne la decomposizione e l'inevitabile olezzo.

Un omicidio così crudele e anomalo, da suscitare tanti interrogativi e perfino un certo sdegno nella smaliziata polizia portuale. Tra i moli prospicienti la famosa Lanterna, un simile trattamento non si era mai visto. Quasi quotidianamente venivano pescati manichini gonfi d'acqua salmastra, vittime di risse notturne, di regolamenti di conti, di ubriacature letali, di affari risolti con definitive coltellate, eppure tanta ferocia, su una donna per giunta, era una novità a suo modo sconvolgente. L'impegno degli investigatori fu dunque massimo. In pochi giorni sfilarono negli uffici di polizia tutti gli informatori, i protettori, i ricettatori, le tenutarie di case chiuse e i capi quartiere che si contendevano i mercati del contrabbando marittimo, per giurare che quel bauletto verde in fibra compressa, modello Paris, prodotto da una fabbrica del varesotto e venduto in tutta Italia, non fosse cosa loro.

Per un mese sul tavolo degli inquirenti si accumulò tanta buona volontà, infinite deduzioni e altrettante ipotesi, insieme a fotografie, referti, ricerche merceologiche sull'improvvisata bara, rapporti sul ritrovamento e dichiarazioni varie. In sostanza il classico pugno di mosche.

Poi, finalmente, una flebile traccia. Un pescatore di poche parole, fu spinto a presentarsi di malavoglia ai carabinieri per raccontare di un ometto di bassa statura vestito di scuro, sicuramente un forestiero, che aveva insistito per fare un giro in barca e aveva voluto portarsi appresso una grossa valigia, sistemata alla bene meglio a poppa. Sfortunatamente, per distrazione o ingenuità, nello sbracciarsi a salutare i passeggeri di un piroscafo, lo strano turista aveva colpito il carico, facendolo cadere in acqua. Ma la cosa veramente strana era che avesse ritenuto superfluo il recupero.

Delle motivazioni di un simile comportamento al marinaio interessava poco o niente, viceversa suscitava una grande curiosità negli inquirenti. C'era qualche cosa su cui lavorare: una descrizione e un accento. Indizi vaghi per la verità, anche perché il pescatore, avendo sentito in vita sua solo il più stretto dialetto locale, non era in grado di dare molte indicazioni linguistiche. Nonostante questa tenue pista, il caso della donna in valigia s'inabissò sotto pratiche più urgenti senza che le indagini facessero grandi passi avanti.

Ci voleva un'illuminazione, un'intuizione capace d'imprimere una direzione precisa alla ricerca del nome della vittima.

Arrivò l'estate e con i primi bagni in Riviera, scattò la classica scintilla. La svolta fu data da un certo Gervaso Severgnini, questurino milanese, frequentatore della spiaggia di Boccadasse.

Per deformazione professionale l'uomo, tra un tuffo e l'altro, non poteva esimersi dall'ascoltare le considerazioni degli altri bagnanti sul misterioso delitto nonché leggere le cronache che il quotidiano locale offriva ai lettori. Con intraprendenza lombarda volle vederci più chiaro e rintracciò il famoso pescatore, per avere una versione diretta dei fatti.

Tornò a Milano con una descrizione accurata del passeggero e la convinzione che il misterioso ometto con baffo ispido e con un continuo intercalare «*tè capì?*», venisse proprio dal capoluogo lombardo.

La riconoscenza, tuttavia, non sembra essere la principale dote di chi porta una divisa e il soldatino semplice della lotta al crimine si cacciò presto in un mare di grattacapi. All'ufficio distrettuale di piazza Sant'Agostino dove il Severgnini lavorava (per un curioso gioco del destino proprio a due passi da quella via Macello nella quale viveva sereno e indisturbato l'assassino), l'indagine vacanziera non piacque per nulla. Con tutto quello che c'era da fare in città, ci mancavano le storie genovesi. Nulla da fare. Se proprio il questurino aveva tempo da buttare, avrebbe dovuto rinunciare alle domeniche rivierasche e raschiare albe e tramonti per dedicarsi al caso.

Più fortuna l'ebbe con il giudice istruttore Antonio Raimondi, che convinto dall'insistente poliziotto, si fece affidare dalla Procura ligure un ramo milanese dell'inchiesta, per poi affidarsi al solerte poliziotto per le ricerche sul campo.

Per farla breve le ricerche partirono dal vaglio dei dati sugli scomparsi in città. Senza un ufficio anagrafe moderno era come cercare il classico ago nel pagliaio. All'apparenza non c'erano donne di quella età, compatibili con i dati anatomo patologici repertati, che mancassero all'appello. Tante ragazze più giovani scappate di casa, finite in giri di malavita, donne senza fissa dimora, diversi cadaveri dimenticati negli ospedali cittadini, ma nessuna tra i 30 e i 40.

L'empasse si risolse quando sul tavolo del magistrato fu recapitata una lettera anonima, nella quale si riportava tra pettegolezzi da ringhiera, la notizia dell'assenza sospetta di una certa Ernestina Beccaro, coniugata Olivo. L'età era quella della vittima. Secondo la regola del buon piedipiatti, il segugio iniziò dunque a stringere il cerchio, chiedendo a vicini e portinai.

In effetti la donna si era assentata senza un perché, mentre il marito che non sembrava preoccuparsene molto, ripeteva spesso che la moglie, contadina del biellese, in seguito ad una delle frequenti liti, l'aveva abbandonato per tornare dalla mamma come nella più classica delle commedie all'italiana.

Un rapido controllo bastò a verificare che gli ignari genitori non la vedevano da anni e ricevevano solo lettere e cartoline, che avrebbero letto con piacere se solo non fossero stati analfabeti.

Le missive si rivelarono più utili al poliziotto che, confrontandone la grafia con quella dell'Olivo, si rese subito conto che provenivano dalla stessa mano e che l'ultima, nella quale la signora comunicava la sua felicità coniugale, era partita il 23 maggio... dalla stazione di Genova.

Solo un tassello mancava all'incriminazione: la personalità del sospetto non corrispondeva in nulla a quella di qualsiasi altro uxoricida.

Dagli interrogatori informali ai vicini, ai colleghi, agli abitanti del quartiere emergeva il quadro di un uomo non solo retto, ma quasi santo.

L'identikit del cittadino modello partiva da Udine, città d'origine dell'indagato dove, negli archivi scolastici, era conservata copia di un curriculum pieno di encomi e di ottimi voti. Solo la mancanza di

fondi per proseguire gli studi gli aveva impedito di aspirare all'insegnamento, come aveva più volte confessato ad amici e parenti. Trentasei mesi di naja nel genio civile con un giudizio d'uscita che recitava: «Ottimo militare, disciplinato, incline allo studio, molto portato alla matematica. Conosce perfettamente tre lingue. E' rispettoso verso i superiori e cameratesco con i pari grado. Si consiglia la ferma».
In quanto al lavoro, beh, che dire, sembrava nato per far di conto. Maniacale fino al centesimo, poteva passare sabati e domeniche avvitato alla scrivania per risolvere l'ammanco di qualche misera monetina.
Come se non bastasse, non beveva, non fumava e non sperperava un soldo nei bordelli frequentati dai colleghi. Tutto casa e lavoro. In altre parole una vita noiosissima.
Un po' freddo e sfuggente di carattere, di lui non si ricordava una sola sfuriata. Anzi no, per la verità qualche volta s'inalberava. Succedeva parlando di politica, quando, irritato dai primi sommovimenti operai, si professava amante dell'ordine, delle leggi e di qualche bastonata sulla groppa dei facinorosi che mandavano, a suo giudizio, il paese in malora.
Fermare un simile campione sulla base di indizi tanto labili poteva risultare un grave errore. Se il pubblico ministero non avesse voluto convalidare l'arresto, tutto si sarebbe risolto con un gran buco nell'acqua. Eppure la descrizione fatta dal pescatore genovese calzava a pennello.
Severgnini si giocò le ultime ferie per mettersi alle calcagna del contabile, ma dai pedinamenti non emerse nulla che non confermasse la rettitudine dell'uomo. Tentò allora l'estrema carta: farsi amico il sospetto. Lo abbordò su una panchina in riva al

Naviglio, al tempo non ancora ridotto a discarica, iniziando a parlare di mogli e di quanto queste potessero risultare moleste, ma non ottenne che un'opaca cordialità. L'uomo appariva di gomma.
Non restava che un duro interrogatorio in Questura sperando che emergesse qualche contraddizione, o qualche nervosismo che desse un appiglio all'azione dei giudici.
E qui avvenne l'imprevisto. Olivo non tentò neanche per un attimo di negare. Certo che l'aveva ammazzata lui.
Bastava chiedere. Aveva anche appuntato ogni cosa su di un libretto per non dimenticarsi qualche passaggio di quella bella avventura. Volentieri l'avrebbe consegnato al signor magistrato, insieme ad alcune poesie, sulla patria, sulla giustizia e sui buoni sentimenti, delle quali andava molto fiero.
La questione era assai semplice: aveva sposato una Santippe il cui unico scopo nella vita era quello d'intossicare quella del coniuge. Il fragile e premuroso donnino conosciuto in una trattoria di via Solari, si era trasformato a pochi mesi dal matrimonio in un granatiere dispotico, arrogante e pure sovrappeso. Insensibile ai doveri della camera da letto quanto a quelli della cucina. E poi spendeva. Sempre e in continuazione. Le 120 lire del suo stipendio evaporavano ben prima del 27 del mese.
Faceva le richieste più assurde ed ebbe perfino la sfrontatezza di pretendere lezioni d'italiano da un insegnante privato quando l'erudito ce l'aveva già in casa bello e pronto. *Tè capì sciùr giudice?*
«Il 20 maggio avevo un forte mal di testa, chiedo all'Ernestina di farmi uno *sgroppin*, che poi sarebbe una limonata fatta con le scorzette, e quella mi

risponde che me lo posso fare da solo lo *sgroppin*…e aggiunge pure… tirchio e avaraccio. A me! Boia di una vacca bestia! E allora basta, ho preso la decisione che avrei dovuto prendere molto prima. Poi non so mica cos'è successo. Ricordo che avevo il coltello in mano e l'Ernestina era già a letto, ma non dormiva. Quando mi vede entrare nella stanza balza su che sembra una pazza. E mi salta addosso.
*Tè capì!* Una bella coltellata ed è morta senza neanche un lamento.
Poi le pulizie del pavimento giusto in tempo per andare a lavorare, perché nessuno possa mai dire che l'Olivo arriva in ritardo».
Di fronte ai basiti inquirenti, l'uomo è un fiume in piena che non lesina alcun dettaglio. Per quattro giorni il cadavere era rimasto in tinello, coperto dai sacchi del carbone, poi, inevitabilmente aveva dato i primi segnali di cedimento. E allora l'illuminazione: farlo a pezzi e portarlo lontano, distante il più possibile dalla coscienza e dalle domande del vicinato. L'idea di Genova. Un viaggetto in treno e via. D'altronde, Ernestina gli aveva sempre rimproverato di non portarla mai al mare.
Ma c'era un grosso problema, anzi un grasso problema, perché la signora in pochi anni di matrimonio l'era diventata come un *purcel*, come un porcello.
La salma era ben lontana dal peso accettabile per un uomo della sua forza fisica. Bisognava alleggerirla. Un lavoro di fino per togliere tutte le interiora, parte della muscolatura e dei grassi in eccesso, tritare il tutto e buttarlo nel water di casa che aveva retto egregiamente al sovraccarico di lavoro.
L'assassino guidò i carabinieri per un sopralluogo,

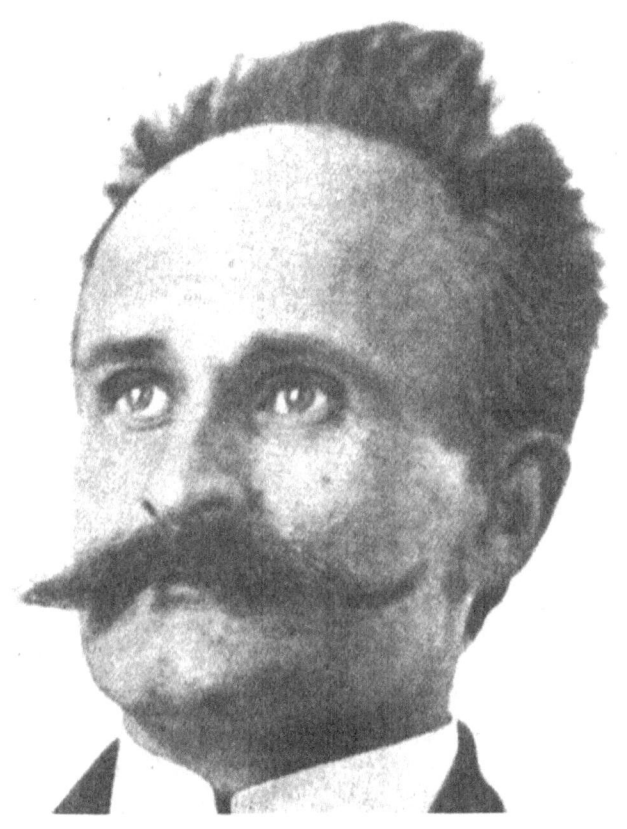

*Alberto Olivo in una rarissima foto d'epoca.*

insistendo su ogni dettaglio, perfino su quelli trascurati dai militi ai quali consegnò con fierezza l'arma del delitto, un affilato coltello con lama Krupp utilizzato dai migliori macellai della città.

Con questi elementi il processo diventava solo un inutile rito sintetizzabile nei tentativi della difesa per chiedere l'infermità mentale e nel consueto intervento

di Cesare Lombroso che dissertò aulicamente sulla misoginia dell'imputato propendendo per la sua follia.
L'Olivo sempre disponibile ad ogni chiarimento e ad ogni domanda rituale, s'inalberò una sola volta, per la precisione quando l'insigne antropologo e psichiatra di cui sopra, definì "versacci" le sue opere creative. Per il resto sfoggiava un canagliesco cinismo a suo modo simpatico che strappò più volte delle risate alla Corte. Quando la giuria popolare, composta secondo la procedura penale del tempo da dodici giudici non togati, si riunì in camera di consiglio, fu enorme lo stupore nel vedere uscire il foglio con il verdetto in soli dieci minuti, ma ancora più incredibile risultò la sua lettura: assolto!
Com'era possibile? Il Corriere della Sera, il Secolo XIX, l'Illustrazione Italiana, si scatenarono in articoli grondanti indignazione, chiedendo i più disparati lumi agli esperti forensi. I quali, poveretti, si arrampicavano sui vetri come potevano. La tesi più accreditata fu che si fosse trattato di una sorta d'errore tecnico, poiché il giudice aveva data per scontata la premeditazione e sulla base di questa aveva formulato un'incriminazione a senso unico, mentre i giurati avevano ritenuto che si trattasse di delitto preterintenzionale non previsto dalla secca domanda del magistrato.
La sostanza era solo una: Alberto Olivo stringeva la mano ad ogni giurato e si faceva accompagnare a casa dai gentili carabinieri.
Giornalisti, avvocati, togati e polizia erano sicuri che l'appuntamento con il carcere fosse solo rimandato. Olivo tornò molto presto in aula. Dopo un verdetto della Cassazione che impugnava la sentenza per un

vizio di forma e spostava il processo a Bergamo, dove gli animi dei giurati sarebbero dovuti essere più distaccati, si sarebbe risolto tutto il pasticcio procedurale nel quale si era inavvertitamente cacciato il giudice.

In realtà il cambio di sede non sembrava ottenere i risultati sperati. Più si avvicinava la data della sentenza e più aumentavano le pressioni sui poveri giurati. Lettere anonime, minacce, aggressioni nei corridoi del tribunale, editoriali infuocati, tutto congiurava contro la serenità del giudizio.

Sui dodici cittadini chiamati a giudicare, si addensavano le nere nubi della speculazione politica tra chi avversava l'utilizzo di semplici cittadini all'interno delle Corti d'Assise e chi viceversa lo considerava una garanzia per la correttezza del verdetto. L'unica cosa che fu chiara ai poveretti scelti per affiancare il giudice era che, comunque avessero deciso, avrebbero fatto torto a qualcuno.

E così si vendicarono.

Quando il giudice dispiegò i bigliettini nei quali ogni singolo giurato doveva annotare la propria decisione, non poté far altro che constatare come dieci di questi fossero stati lasciati in bianco e gli altri due fossero divisi equamente tra un colpevolista e un innocentista. Pareggio, dunque, senza possibilità di andare ai rigori e poiché in tali casi valeva la regola della sentenza più favorevole all'imputato, l'epilogo non poteva che essere uno: assoluzione definitiva.

Alberto Olivo, passato indenne dal più folle dei processi, tornò ai suoi conti negli uffici della nota ditta di ceramiche, alle sue composizioni poetiche e ai suoi studi ma, per qualche strano meccanismo della mente femminile, fu continuamente disturbato da donne che, nonostante continuasse a proclamarsi colpevole, spergiuravano in lettere piene d'amore sulla sua bontà d'animo. Alla fine, abdicò e sposò una delle tante spasimanti con la quale visse, non si sa se felice o meno, fino all'età di 86 anni.

Siamo partiti dal delitto passionale di Virgilio De Fabritiis, così poco milanese nel suo sviluppo, per giungere alla gelida esecuzione di Alberto Olivo, esponente degli stereotipi e dei tic organizzativi del meneghino doc. Il cerchio si chiude.

Cerchio? Oddio, la Filippi mi ha contagiato.

# Alessandra. Il milanese vitruviano

Anche se inizio ad essere stanca e la silhouette della poltrona di casa mi attrae molto di più del profilo di Psyco, resta un'ultima fondamentale tappa prima di attraversare il confine ideale delle nostre peregrinazioni.
Dobbiamo dunque proseguire. *Misura per misura*, il tragicomico testo di Shakespeare, potrebbe essere un ottimo spunto per spiegare Milano e le sue contraddizioni: lussuria e devozione, egoismo e altruismo, cattiveria e pietà, politica ed etica, giustizia e compassione, proporzione aurea e caos. Già, la proporzione aurea. Nessun'altra città al mondo l'ha incarnata in modo così perfetto come Milano. Fin dalla notte dei tempi.
Il mio chiodo fisso sulla circolarità non è peregrino come pensa Psyco.
È un'intuizione provvidenziale che mi ha colta quando, dopo averci elucubrato sopra in modo empirico per mesi, ho scoperto all'Ambrosiana di Milano, in un codice di Galvano Fiamma, la prima planimetria della città. E indovina che forma ha? Quella di un cerchio perfetto, anzi, di cerchi concentrici, per essere precisi. Altro che girella alla nutella! E' un dato di fatto dal quale non si può prescindere, avvalorato persino da uno schizzo di Leonardo nel codice Atlantico.
Provare per credere.
Caro mio, canta canta!
È dal XII secolo che Milano si sviluppa a cerchi concentrici rispettando perfettamente la proporzione

aurea. Secondo i calcoli, fatti da chi meglio di me mastica la materia, sovrapponendo in trasparenza l'uomo vitruviano di Leonardo sul territorio milanese, si evidenziano i nove anelli di espansione della città. L'ultimo dei quali comprende, con precisione millimetrica, l'Adda e il Ticino, Vigevano e Vaprio d'Adda. Tutti e quattro a 20 chilometri, esatti, dal punto focale della città: piazza dei Mercanti.
«Ecco siamo arrivati a Dan Brown e al Codice da Vinci...» interrompe Psyco.
Con la differenza sostanziale che questa è realtà. Non è stupefacente? Io mi emoziono ogni volta che ci penso. Se non fosse stato per questo, non mi sarebbe mai venuto in mente che Milano è l'incarnazione perfetta delle metropoli greche. Facci caso: l'etimologia di metropoli, in greco antico, è composta da metèr = madre, e polis = città/popolazione. Città madre, dunque, e non c'era, prima dell'intervento di dissennati piani regolatori e barbariche ricostruzioni, città più madre di questa. Accogliente, rotonda, centro e misura di ogni cosa, ricca di acque, fresche e dolcissime, e di ogni ben di Dio, che rigoglioso qui cresceva e si moltiplicava: fede, pensiero, commercio, agricoltura, arte, natura, industria. Altro che Roma. Vedi che femmine e circonferenze tornano, sempre e comunque?
«Si va beh... 90-60-90 come le pin up degli anni cinquanta. La realtà è che tu continui ad idealizzare una città che non esiste più, ammesso che sia mai esistita. Ti rifugi nel passato per sopportare il degrado del presente» dice il mio compagno di viaggio.
«Niente affatto. Io cerco di immaginare il passato perché è tuttora presente, fa parte integrante non solo dei muri di questa città, ma anche delle persone, degli

uomini e donne che la animano» rispondo senza alcun intento polemico.

A proposito di donne ne approfitto per raccontarti una storia. La vedi quella deliziosa chiesetta sulla sinistra, un po' appartata? È San Vincenzo in Prato. Ti risparmio tutta la descrizione artistica però c'è una cosa che non posso proprio fare a meno di dirti: anche questa, ti piaccia o no, era zona di monasteri e chiesette.

Ai tempi della nostra amica Belisama, preceduta di qualche lustro dalla Grande madre, questo doveva essere un luogo non molto dissimile dal bosco sacro di piazza Duomo. Infatti nella cripta della chiesa, dalle cui pareti trasudano storie e leggende per lo più sconosciute a quasi tutti i frettolosi passanti, è conservata una certa pietra alla quale è legata la storia della fonte di Belisama, per l'appunto, e quella del sacro pozzo di San Calocero.

Anche l'orientamento di questa zona ha un suo perché: Sud-Est, la direzione che corrisponde ad Antares, la stella rossa dello Scorpione che segna la fine della Via lattea. I Celti credevano che Antares, segnasse la fine della stagione della luce, più prosaicamente l'estate, e fosse la porta dell'aldilà. Così pare che qui sia sorto un tempio in suo onore, dove venivano onorati i morti e scongiurata la fine dei vivi con memorabili feste orgiastiche. All'arrivo di Antares corrispondeva anche il Capodanno, che per i Celti, giustappunto, cadeva in quella che per noi, guarda caso, è la ricorrenza dei morti.

«Hai visto? Qui tutto torna al punto di partenza, come in un anello perfetto».

Torniamo tra le voltine a crociera della cripta romanica e al nostro povero San Calocero.

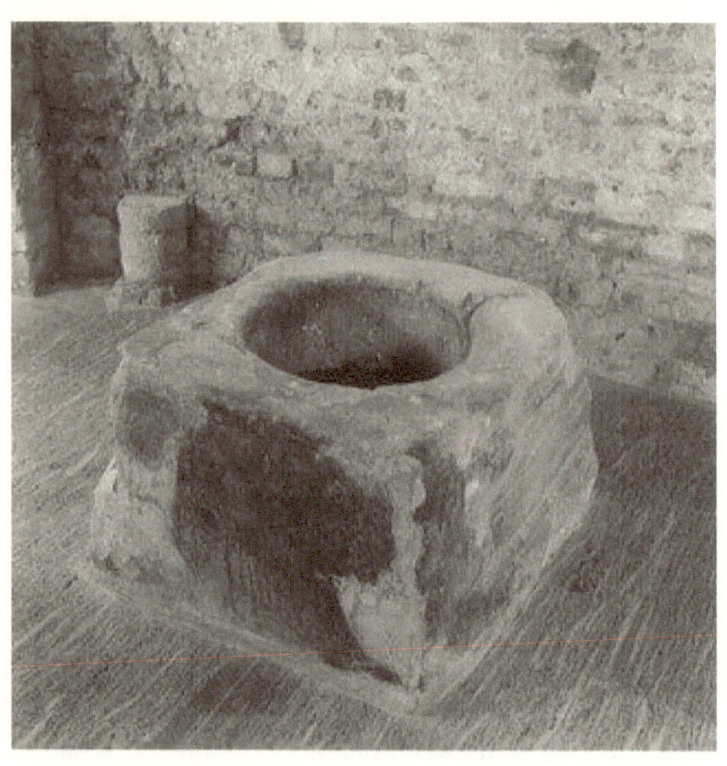

*Il pozzo di San Calocero, conservato nella cripta di san Vincenzo in Prato.*

Nato non si sa bene quando né dove, ma certamente martirizzato ad Albenga, il 18 aprile del 121, Calogero era un tranquillo soldato romano, al soldo dell'esercito dell'imperatore Adriano. Grazie a due nobili bresciani, cavalieri e militari anche loro, diventati ferventi interpreti della parola di Cristo, il nostro abbraccia la croce e, fondato un inseparabile trio, inizia a fare opera di conversione dei pagani reticenti. I tre, purtroppo per loro, vengono arrestati in un'unica soluzione e deportati a Milano, dove vengono processati.

Reticenti all'abiura vengono condannati a morte e, trasportati in uno spiazzo poco lontano dall'Anfiteatro, vengono legati a dei carri trainati da cavalli imbizzarriti e lanciati a tutta velocità, tra gli schiamazzi e le incitazioni della folla. E qui, trattandosi di santi, avviene il miracolo.

Già si pregustava la carneficina, quando i tre riescono a prendere il controllo dei loro carretti, ad ammansire i cavalli e a fuggire a rotto di collo dalla città, evidentemente meno trafficata di oggi. Calocero inforca la strada per Vigevano per poi proseguire fino ad Asti rifugiandosi nella comunità cristiana locale. La clandestinità dura poco, perché non pago di essere già scampato una volta alla morte, si dirige verso Albenga dove ha intenzione di fare proseliti e proseguire nella sua temeraria opera missionaria. Una scelta che segna il suo destino in modo irrevocabile. Va bene un miracolo, ma due, sembrano veramente eccessivi. Infatti non fa in tempo a metterci i piedi che viene scoperto e decapitato seduta stante, per evitare altre sorprese.

Hai capito adesso perché c'è via San Calocero? Per ricordare la fuga miracolosa degna di *Pirati dei Caraibi*, con la quale il santo si è sottratto alla morte. In questa città nulla è lasciato al caso, nemmeno la toponomastica.

Non mi resta che illuminarti sul pozzo sacro di san Vincenzo e sulla pietra della cripta e anche per oggi mi sono conquistata la cena.

I Celti avevano il culto delle pietre. Più o meno come i milanesi ce l'hanno per il mattone.

In città se ne conservano un paio così famose da

essere immortalate in poesie, canzoni e ballate popolari.
Una è la celebre *Tredesin de Mars*, incastonata nella navata centrale
della chiesa di Santa Maria del Paradiso. Nata come pietra tombale, assomiglia ad una grande ciambella con il classico buco in mezzo, dal quale partono tredici raggi. Il foro centrale permetteva il passaggio dell'anima del defunto, motivo per il quale era detto *porta della liberazione*. Dai patimenti di questo mondo, presumo.

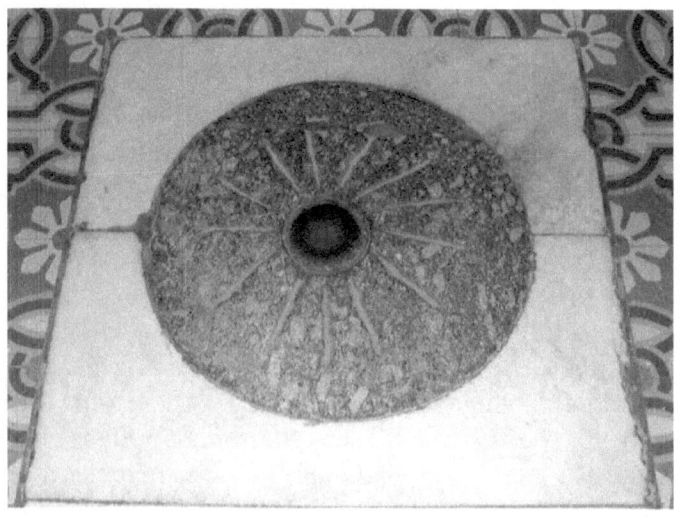

*Particolare della pietra nota come Tredesin de mars. Un tempo conservata nella Chiesa di San Dionigi, distrutta per far posto ai Giardini pubblici di Porta Venezia, la pietra ricorda il fondatore della chiesa di Milano, l'apostolo San Barnaba, entrato in città il 13 marzo del 51 d.C..*

Poi c'è quella del battistero di San Vincenzo in Prato. Quale sia stato il suo uso, non è cosa chiarissima. Quello che si sa è che serviva per propiziare l'ascesa dei nuovi capi, i quali vi lasciavano, a turno, le impronte dei loro piedi. Persino Ambrogio, il santo, ha fatto il suo giro nella *Walk of fame* ante litteram. Un'usanza che è rimasta graniticamente viva tra i milanesi fino al XVI secolo. Poi sono arrivati gli spagnoli e, come al solito, hanno fatto piazza pulita anche di questo.

Adesso affrontiamo il tema caldo di questo scorcio di marcia forzata: il pozzo sacro. Quello che vedi qui è probabilmente l'unico resto di un santuario precristiano. Devi sapere che per chi ci ha preceduti, ti parlo di oltre duemila anni fa, i pozzi erano l'anello di congiunzione tra la terra e l'universo, tra la terra e la luna. L'acqua era l'elemento equilibratore tra le istanze solari e quelle lunari. Ragione per cui gli edifici sacri venivano sempre eretti in corrispondenza di una sorgente, un pozzo, un corso d'acqua.

La sorgente assurge all'onore delle cronache per la salubrità delle sue acque e sembra si trovasse proprio sotto l'altare della chiesa, che per questa ragione era particolarmente frequentata dal popolino bisognoso di miracoli e facili soluzioni ai propri malanni.

Andare alla fonte di San Calocero, così avevano finito per nominarla, all'epoca era un po' come per noi andare al Santuario di Lourdes. In verità qui a Milano le acque miracolose non mancavano. Fino a poco tempo fa c'era persino una sorgente d'acqua sulfurea che curava tutti i tipi di malattie della pelle. In pochissimi se lo ricordano: nel parco Sempione, verso l'Arena, c'è ancora la fontana in pietra da dove zampillava, inconfondibile per il suo intenso odore.

«Ma dai, incredibile, mi hai fatto emergere dai meandri della mente un'immagine che credevo persa. Mi ricordo benissimo, fino alla fine degli anni '70, la coda di vecchiette che riempivano le bottiglie d'acqua sulfurea. E quell'inconfondibile odore di uova marce...» dice Psyco tutto eccitato.

«Vedi come il passato sia più vicino di quanto pensiamo e come ci avvolga costantemente» rispondo con la certezza di averlo finalmente impressionato e scosso.

«Ma pensa te... deve venire questa belga-romano-torinese pseudo meneghina per recuperare preziosi frammenti di memoria... incredibile».

«Hai un'idea un po' egocentrica della storia, ma lo prendo come un complimento» rispondo orgogliosa.

# Luca. Uova

Il buio avvolge la città, la giornata è finita e la circonvallazione è il consueto groviglio d'automobili che si trascinano sbuffando verso i semafori. Chi deve uscire da Milano, chi ci vuole entrare per il ristorante o per il cinema serale, chi corre a casa per abbuffarsi di divano e tv. Chi è felice, chi sta male e chi sta *così così*, come diceva una vecchia canzone.
Forse stanotte si compirà un delitto, magari c'è chi, nascosto dai vetri fumè, sta meditando vendette, sta pianificando una rapina o un grosso colpo, di quelli che ti sistemano per tutta la vita.
La città mi piace pensarla così, come un giallo di Scerbanenco, fitta di imperscrutabili misteri che si celano dietro gli angoli. La vittima potrei anche essere io. Perché no. Di matti in giro ce ne sono in abbondanza. Come quella volta che due balordi, in compagnia dei loro pitbull ringhiosi, mi riconobbero in un bar quale autore di una perizia che ne aveva certificato un animo tutt'altro che nobile. Sempre meglio della fine di quel criminologo tedesco che se ne stava tranquillo su una gondola del Canal Grande quando è stato investito da un vaporetto…
O forse no, niente delitti, ma un super eroe che in un monolocale sta indossando la calzamaglia e la mantellina, pronto ad accorrere in difesa degli antichi mosaici e delle pietre romaniche.
Un super Pippo che combatte gli scempi architettonici e mangiando arachidi trova l'energia per rimettere tutto a posto.
Così la Filippi è contenta e, una buona volta, me ne

libero.
Anche la nostra passeggiata è finita. E' stato un gioco, un esperimento e una prova. Volevamo verificare se le passeggiate criminali, pensate da Alessandra, fossero proponibili agli amici della sua associazione culturale e ci siamo persi in mille rivoli di ricordi, di personaggi e di episodi assai diversi tra loro. Storie di vita e di morte nel formicaio che chiamiamo Milano, *hardware* di cemento che pur vivendo tempi difficili, continua ad emettere i suoi bit con regolarità. Arte e delitto si sono confrontati cercando un filo comune. Non è venuto fuori un mezzogiorno di fuoco ma un *Hellzapoppin* un po' casuale e simpaticamente demenziale.
Alessandra mi ha lasciato con una domanda retorica che sa d'imperativo: «Vedi che Milano sa essere bella?».
Mentre cercavo una risposta arguta, mi è venuta in mente una storiella raccontata da Woody Allen, quella che fa: «Dottore, dottore, mio fratello è matto, crede di essere una gallina». E il dottore risponde: «Accidenti, è grave, bisogna curarlo». «Eh già, bravo, e poi le uova chi me le fa?».
Ecco, continuiamo ad amare questa città, perché in fondo abbiamo tutti bisogno di uova.

## *INDICE*

Luca.
Piazze e vuoti a perdere……………………………….. 11

Alessandra.
La città delle donne…………………………………..... 21

Luca.
Delitto d'onore……………………………………….....29

Alessandra.
Monache a luci rosse………………………………….. 41

Luca.
Verso Montenapoleone……………………………….. 51

Alessandra.
Amori sfortunati………………………………………. 53

Luca.
Bandidos……………………………………………… 59

Alessandra.
Il piccolo Louvre………………………………………71

Luca.
Troppo bionda………………………………………....75

Alessandra.
Monasteri a cinque stelle e altre amenità………….. 81

Luca.
Odore di pirite e profumo di soldi…………………. 87

Alessandra.
Va da via i ciapp............................................ 95

Luca.
Parchi.................................................... 103

Alessandra.
Sestieri e spirali.........................................115

Luca.
San Babila ore 20........................................... 119

Alessandra.
Il giallo della Madonnina................................ 133

Luca.
Il mostro.................................................143

Alessandra.
Draghi, eroici cavalieri e criminologi testoni.......... 157

Luca.
Preti e misteri..............................................167

Alessandra.
Memoria storica........................................... 185

Luca.
La donna in valigia...................................... 189

Alessandra.
Il milanese vitruviano...................................... 201

Luca.
Uova....................................................209

## *INDICE DEI LUOGHI*

1. Piazza Scala
2. Palazzo Marino
3. Palazzo della Ragione
4. Piazza dei Mercanti
5. Via Manzoni
6. Pinacoteca di Brera
7. Via Montenapoleone
8. Via Gesù
9. Via Marina
10. via Palestro
11. Palazzo Castiglioni
12. Giardini pubblici
13. Villa Reale
14. Piazza San Babila
15. Piazza Duomo
16. Duomo di Milano
17. Via Nerino
18. Via Bagnera
19. Via San Sisto
20. Largo Carrobbio
21. Piazza San Sepolcro
22. Chiesa del Santo Sepolcro
23. Via Ambrosiana
24. Pinacoteca Ambrosiana
25. Castello Sforzesco
26. Parco Sempione
27. Piazza Sant'Ambrogio
28. Basilica di Sant'Ambrogio
29. Largo Gemelli
30. Via San Calocero
31. Chiesa di San Vincenzo in Prato
32. Via Modestino

www.ingramcontent.com/pod-product-compliance
Lightning Source LLC
Chambersburg PA
CBHW020645220526
45464CB00001B/301